図書館の現場1

浦安図書館にできること

図書館アイデンティティ

常世田 良

keiso shobo

はじめに

二〇〇三年二月末日で浦安市立中央図書館は開館二〇周年を迎えた。この機会に二〇年をふりかえってみることにして生まれたのが本書である。

この二〇年間というのは、自分が図書館に対して抱いていたイメージと、現実の図書館や図書館を囲む現実の社会との間のへだたりについての軋轢の連続に悩んだものだった。そして従来より行なわれてきたことに対して疑問を感じ、その疑問に自分なりに取り組んだという時間だった。当たり前だと思われていたことが、自分が実際に現場で働いてみると、当たり前ではないというふうに感じることがあって、しかもそれを解決するための手法が見当たらない。したがってその手法を新しく考えつかなければいけないということに気づかされた時間でもあった。解決の方法を考え、試行錯誤を続けてきた。その時々の疑問や試行については、論文にしたり、講演で話したりしてきたわけである。今回、それらのいくつかをひとつの本にまとめてみることにした。

もちろん、これまでの試みは必ずしも成功したものばかりではない。失敗もかなりあったが、自分でやって自分で確かめることができた時間だったと思われる。まだ結論が出ていない問題もかなり残っている。その途上ではあるけれども、今まではこうしてきましたという二〇年分の報告書だとみなしていただきたい。

思えば、毎日決まりきった仕事をし、目の前の市民が必要とする情報を一生懸命探して、そうしながらある時ふと、今まで何も疑問に思っていなかったものに対して疑問を感じたり、解決策がひらめいたりもした。

図書館と関係のない分野から問題解決のヒントをもらうことも多かった。それは重要なポイントである。従来、図書館の問題を解決する時に、図書館の世界だけで解決しようとする傾向があったように思う。民間会社や組織でも、問題解決をはかる時に、専門分野や業界の中だけでなく、まったく関係のない分野での成果物を取り込むことによって解決する例はいくらでもある。図書館という存在そのもの自体が、思いもかけない解決策と出会うための装置であるから、図書館が抱えている問題を解決する時にも、図書館以外の分野の成果を取り込まなければ、図書館の課題は解決できないというのは当然であろう。

重要なことにも気づかされた。現在でも依然として『中小都市における公共図書館の運営』(日本図書館協会、一九六三年)と『市民の図書館』(同、一九七六年)のコンセプトは正しいと思われること、一方そのコンセプトを実現するための手法については、市民のニーズに応えるために、新たなものを加える必要があると思われることである。

ふり返ってみれば、この二〇年は司書としての自分と図書館としての浦安市立図書館のアイデンティティを確認しつづけた期間だった。望ましい図書館像という意味も込めて、サブタイトルを「図書館アイデンティティ」とした。なお、「図書館アイデンティティ」（L・I）は、C・Iのコンサルタントである押樋良樹氏の造語である。

二一世紀に入り、公共図書館をめぐっては、その存在意義をふくめて大きな議論がたたかわされている。私たちの二〇年の活動が、それを考えるための多少の材料となれば幸いに思う。

浦安図書館にできること／目次

目　次

序　章　浦安図書館にできること

1　浦安図書館の特徴

「浦安図書館って、どこがほかの図書館と違うのですか」と訊ねられることが多い。第一の特徴は、図書館経営、運営について、従来図書館学、あるいは図書館界で言われてきた基本的なことに忠実にしたがって仕事をしてきたことだと思う。浦安というと、何か新機軸をうちだして、しかもＰＲに熱心な図書館と誤解されることがあるが、基本的には図書館経営の基本に忠実に業務を行なってきた、そのことが市民に評価されたということだと思う。具体的に言うと、専門職の配置、市民の身近かに施設を配置、資料費という三つの要素を重視したことにつきる。特に重要だと言われる人の部分については、専門職を中央図書館の開館からある程度確保して、司書率を高める努力をし、最終的には現在ほぼ一〇〇%に近い司書率を保っているということが大きい。

予算については、従来図書館界では、図書館費は当該自治体の一般会計の約一%を確保すれば、かなりのレベルの図書館サービスができると言われている。浦安はだいたい一・三%前後で推移しているので、予算についても従来言われていることを実践できたということになるだろう。

サービスについては、専門職が選書を丁寧に行ない、書架の維持に努め、そしてリクエスト、レファレンスに的確な答えを出していくという努力をする。児童サービスにおいても質の高い、評価の定まった資料を十分に用意し、トレーニングを受けた職員が、読み聞かせ、ストーリーテリング、ブックトークを館外においても展開する。あるいは図書館を利用するにあたって障害のある市民に対して、その障害を取り除くようなサービスを展開してきた。こうして一つ一つの業務について、一定程度の専門職と予算をあててきたのであって、それは、特別のメニューというわけではないと思っている。

その結果が、年間の市民一人当りの貸出点数一二~一三点、レファレンス約一一万件、リクエスト約七万件、児童のアウトリーチ・サービス約七〇〇回（子どもたちの参加数約二万人）、宅配約四〇〇回（資料数約三〇〇〇点）という数字につながっている（在学在勤以外の市外利用者を除く）。

基本に忠実に図書館経営を行なうというのは簡単ではない。基本に忠実に図書館運営を行なうというのは、現場の努力だけでは不可能なことで、この図書館を作った当時の市長をはじめ、その後の市のトップの先見性、あるいは市長部局の協力、教育委員会内部の協力などがあって初めて現場の職員の努力が実を結ぶ。したがって、予算もふくめていくつかの条件が揃った結果だと思われる。条件が揃えば、他の自治体においても、同様の実績は生まれると信じる。

2　浦安図書館にできたこと・できること

児童サービスや障害者サービス、レファレンス、リクエストなどの個別のサービスについて高い水準で事業展開している図書館は少なくない。しかしすべての分野において、ある程度の実績を上げるということは、大変むずかしい。それはなぜかというと、基本的には〈人〉の問題ではないかと思われる。まずは人数である。職員の数がある程度確保されていても、その中に経験を積んだ専門職が少なければ、すべてのサービスメニューにおいて一定のレベルを達成するというのは、困難である。少ない司書が特定の業務において、ある程度の実績を上げることが可能であっても、図書館のすべての分野において継続的に実績を上げるということはできにくいことである。

ある程度専門職が揃っていたとしても、実績が上げられないという場合には、何が問題か。それはやはり予算の問題であろう。人的な条件が揃っていても、予算が十分に確保できなければ、期待されるサービスの実績を上げることはできない。予算と人とは車の両輪であると言えよう。

こうありたい図書館像

司書も揃っている、予算もある程度ある、それなのにずば抜けた実績につながらないという図書館も若干ある。その原因は何なのか。

それは図書館がどうあるべきかということについて、コンセプトが不明確だということではないかと思う。優秀な職員がいて、予算もある。しかしその図書館がめざしている最終的な到達点とかサービス目標がセクションによってばらばらであれば、利用者は、図書館に対してあいまいなイメージをもってしまう。浦安は徹底して市民に対して資料提供しよう、というコンセプトをかろうじて維持してきたと思う。そのことは常に念頭にあり、実践してきたつもりである。市民に対しても、プロモーションのためのセクションをつくり、図書館のコンセプトを常にアピールしてきたつもりである。図書館アイデンティティ（L・I）も文章化したものを市民に提示する準備を進めている。

3　図書館がかかえている難問

財政的困難

現在の日本においてはその存在自体にかかわる大きな課題が生まれている。その最大のものは、地方自治体の財政的な困窮に起因する。

「行政改革」という流れの中で、予算が減り、そして最も重要な専門職が図書館の現場から減少しているということが起きている。このことは、図書館が持っている根本的な力を弱めるという本質的な問題である。と同時に、今日本が向かおうとしている社会的な変化によって生ずる課題を解決することが、図書館によってできたかもしれないのに、そのことが困難になってしまうという問題もはらんでいると言える。

日本の社会が自己判断・自己責任の社会に移行するという流れの中で、自己責任のリスクを軽減するため、必要十分な情報へのアクセス、社会的なインフラとしての情報アクセスの環境整備が必要である。判断を間違えることにより大きな責任を個人的に負わなければいけないという自己判断・自己責任型の社会のリスクを回避するためには、必要な情報がいつでも充分に提供されるという必要があり、この点に関して、日本の公共図書館が今までになく情報提供という機能を国民から強く求められるはずである。歴史上はじめてといってよい程図書館が求められる社会情勢が目の前に迫っているこの時期に、日本の図書館が弱体化することは、本当に残念なことである。

デジタル化の波

もう一つはインターネットに象徴されるようなデジタル化の波が、図書館に近寄ってきているという点である。印刷媒体だけでは十分な情報提供はできないということは、従来からも明らかだったが、インターネットが情報アクセス・情報発信の方法として、かなり高度に発達してきた時点で、公共図書館も印刷媒体とデジタル媒体を同時に提供するという必要に迫られている。そうなると単に印刷媒体とデジタル媒体を別個に提供するというのでは、あまり大きな意味がない。印刷媒体とデジタル媒体を有機的に融合させて、相互に補完的に用いることによって、必要な情報、正確な情報を早く入手できるという可能性が生まれつつある、それをハイブリッド・ライブラリーと呼びたい。ハイブリッド・ライブラリー化は、かなり大きなコストと手間がかかるが、図書館が取り組まなければならない大きな課題になっていると思う。日本の社会の変化と図書館の変化が、同時に押し寄せているにもかかわらず、現場から専門職が減り、予算が減少しているというのが現状である。行政としては社会の変化に十分対応できない状況になっていると言わざるをえない。

諸外国の事例

アメリカでは日本の五倍の公費、税金を国全体として図書館に投入をして従来のサービスも維持しつつハイブリッド化を進めている。ヨーロッパでもEU議会で現代社会における公共図書館の重要性が、かなり細かい内容に踏み込んで決議されている。イギリスでは非常に細かい数値的な基準が盛り込まれた公共図書館の運営基準が、二〇〇一年一月に布告された。そしてそれらの基準を達成しない場合には、国の補助金が打ち切られるという施策が同時に行なわれている。

またアジアでも、韓国では一九九二年に図書館振興法という法律を制定して、公共図書館の館長がすべて有資格でなければならないという規定、あるいは司書に一級司書、二級司書というランクづけを行なうということに象徴されるように、公共図書館の意義を社会として認識し、さらに高度な図書館活動が保障されるような法的な整備を進めている。中国では、上海に巨大な図書館が建築され、そこでは世界中のビジネス系の雑誌や新聞が無料で大量に市民に提供されている。こうした各国の動きを見た時に、図書館は単に文化政策のみならず、情報政策として位置づけられ、知識・情報を国民が共有化することによって、社会を豊かに、国を強くしていくという政策が展開されているといってよいと思う。

それに比べて日本の場合には、戦後、具体的な図書館政策は、国でも都道府県においてもほとんど策定されることがないままにきてしまっている。その最も典型的な現れとしては、二〇〇一年七月に布告された「公立図書館の設置及び運営上の望ましい基準」の中身がイギリスの基準とは対照的に抽象的な表現が多く、具体的な数字の提示のない基準であることからも理解されるだろう。このことが、さらに図書館の予算や人事が非常に弱体な状況に置かれるということにつながっている。

従来、図書館界では政治家に働きかけて、図書館が強力に発展するような政策を策定することを促すような活動、いわゆるロビー活動は、組織的にはほとんど行なわれてこなかった。しかし他の行政分野、他の教育の分野においては、強力にロビー活動を進めて、その分野に必要な法整備が推進されている。議会制民主主義である日本においては、ロビー活動により、社会に必要な生涯学習のインフラを整備していくということは、決して悪いことではないと私は思っている。

浦安市立図書館は、さまざまな条件整備によって一定程度の実績を上げることができた。これは歴代の首長の図書館政策があって初めて可能になったことである。が、逆に言えば首長が順次入れ代わることによって、浦安の図書館政策が従来よりも低いレベルに推移していくということも十分ありうる。従来、図書館の運営は、地方自治体が単位となって実施するものだという考えが大半を占めていた。地方自治の観点から言えば、確かに生涯学習の要になる公共図書館を各自治体が独自に建設し、独自の政策に基づいてサービス展開するということは非常に重要なことではある。しかし、一面、自治体に対して図書館運営が一〇〇%市町村の図書館政策をバックアップする形で任されることによって、首長の恣意的な判断で図書館のあり方が大きく変化するという可能性も残ってしまった。したがって良質な図書館サービスを実施していた自治体が、ある時点を境にしてサービスの実績が急激に低下するという事例も少なくない。こうした恣意的な図書館運営から脱するためには、国や都道府県が国民の民意を反映した図書館政策を持たなければならないと思われる。

アメリカやイギリスのように地方分権的な国や社会において、図書館の政策が国や州のレベルでも存在するということは、各自治体に一〇〇%任されたのでは、図書館サービスが安定的に実施されることは難しいということの証左ではなかろうか。

4　これからの課題

今後はどういうことをしなければならないか。さらにすべきことは何があるかを述べることにしたい。課題は大きく三つあると考える。

第一に重要な課題というのは、職員の養成である。現在ほぼ一〇〇%に近い専門職の司書がいるが、その一人一人の司書のサービスについての専門職としての主体的な考え、時代に合ったサービスに正面きって立ち向かおうという意思、そういうものを一人一人の司書に持たせることができるかということ。

あわせてスキルの問題がある。従来の図書館サービスに必要とされるスキルとこれからのハイブリッド型の図書館の運営に必要なスキルというものには、おそらく違いがあるだろう。そのスキルというのは目的ではなくて手段だと私は思っている。目的が違うことによって、そのスキルの発展の仕方にも図書館によって違いが出てくるだろう。単にコンピュータの操作やインターネットの操作が上手ということではなく、あくまでも市民が必要とする情報を提供するということに関して、喜びを感じる中で、個々のスキルを高めていくということが必要だろう。

デジタル系のスキルを高めることによって、印刷媒体を扱うスキルも何らかの変化が起きるのではないか。最終的には印刷物とデジタル系の媒体を上手に混在させて利用者に提供するというスキルにならなければならない。印刷物の中にしかない情報もあれば、ウェブ上にしかない情報もある。そして両方に存在している情報もあるわけだが、ウェブで探したほうが探しやすい情報と、印刷物で探したほうが探しやすい情報というものがある。その四つの情報の様態について、利用者のニーズを的確に判断して、最も効果的かつ正確に情報提供するということを可能にするスキル、精神構造、そういうものを持った司書を育てるというのが重要である。

さらには、スキルの中身と同時にスキル習得のスピードという問題もあるだろう。技術の変化のスピードが非常に速くなっている。変化そのものは問題がない場合でも、変化のスピード自体が速いことが問題になる。変化のスピードに対応した形で職員の意識のスキルアップが図れるかということが、大きな問題になると思われる。二〇〇〇年にニューヨークの図書館を見学した際に、ニューヨーク図書館の副館長が、「これからの図書館の最も重要な課題は優秀な職員の確保と、その職員の再教育だ。」と言っていたのを印象的に思い出す。

第二に、図書館の建物の構造的な改革の問題がある。ハイブリッド・ライブラリーを実現する時に、本棚に並んだ本とインターネットの端末が同じ空間にただあるだけでは、決してハイブリッドとはいえない。それでは一＋一が二。その二つを効果的に混在させて、利用者が使えるという環境と人的サポートが大きなポイントになるので、図書館のレイアウトも変化するはずである。入口とカウンターと書架と端末の位置関係を、もう一度洗いなおさなければいけない。本だけを使って情報提供していた時と、デジタル系の媒体と印刷系の媒体を混在させて市民に情報提供するという場合には、建築的な変化というものが当然生まれるだろう。

今のような長大な総合カウンターでなんでもやるということではなくなるだろう。たとえば、入口付近には貸出返却の専門のカウンターがあり、そこを抜けると全般のインフォメーションを行なうカウンターがあって、そこにはベテランの司書が座っていて、大まかな交通整理をする。それによって案内された先に行くと、そこには専門のカウンターがある。テーマの専門のカウンターにべテランの司書が座っていて、さらに踏み込んだ相談にのってくれる。それらのカウンターから声がかけやすいところに、インターネットの端末と本が同時に混在できる空間が形成される。据え置き型のコンピュータではなくて、ノート型のコンピュータがそこに自由に置けるような環境と、他の本を同時に開けるような広さが必要になるだろう。専門的な司書が、利用者に対して常にサポートするという空間構成、見通しがいい、歩きやすい、声をかけやすいという空間が必要ではないか。そういう変化がおきてくると思われる。

第三には、組織の問題がある。従来型のピラミッド構造では、少ない人数で効果的な業務遂行というのは困難である。フラット制になるのか、スタッフ制になるのかはよくわからないが、図書館の規模とその図書館が持っているコンセプトと、それによって導きだされるサービスのあり方、サービス計画、それにあった組織のあり方が真剣に検討されなければならない。理想的な組織というものはないのだろう。組織というのは目的を達成するために存在するものだから、目的が違えば組織のあり方も当然変化する。組織を維持するために、サービスの質が低下したり、業務の流れが複雑になるというのは本末転倒であって、あくまでも目的を効率的に達成するために、組織というものは変わっていかなければいけない。浦安図書館では、二〇年前の中央図書館の開館当時から、兼務が常であったが、一〇年程前から、ピラミッド型の組織から、業務別のグループを中心とした組織へと徐々に移行して、現在は選定から廃棄まで一貫した資料の管理を行なう「蔵書構成グループ」と各種のサービスと内部業務を担う「業務グループ」によって組織されている。組織をサービス中心に発展させていくということが、私たち浦安図書館の大きなテーマである。

5　図書館の存在意義

図書館の存在意義とはなにか。従来、図書館の必要性、あるいは図書館の存在意義ということを語る時には、一般的に、法律的な存在意義ということがまず言われた。憲法にある基本的人権の中の「知る権利」。そして教育基本法、社会教育法、図書館法という法律の中で、図書館の必要性が法的に位置づけられているということである。あるいは憲法がよってたつところの民主主義の理念というところまでさかのぼるということが通常言われてきた。どちらかというと法律的、社会学的な立場での解釈ということが多かったのである。しかし、そもそも法律は、社会に存在する理念や現実的な必要性の反映として成文化されるもので、法律があるから存在の必然性があると考えるのは、論理が逆転している可能性はないだろうか。また、たとえば法律がなくなってしまった、憲法がなくなってしまったという時に、図書館の立脚点とはどこにあるのかという設問にも答えなければならなくなるわけである。

人間は、生物としての肉体を持ち、また生体システムとしての肉体や脳を持っている、そういう総体としての人間存在がまずある。そういう総体的な人間存在が、図書館を必要とするのか。精神と肉体を切り離して、精神活動としてのみの読書、図書館ということだけでいいのか。法律とか民主主義というような大きな社会的コンセプトと図書館が結びついて、そこに図書館の立脚点があるというふうに考えたとしても、それらのものがもし将来、崩壊した時、どう考えればいいのか。人間の歴史の中で、文化的に後退するという時代も必ずあるわけで、このまま法的に、あるいは民主主義というようなコンセプトがそのまま変化せずに続いていく保証はどこにもない。そうすると、もしある時代に、知る権利や民主主義というものが否定されることがあったとしても、人間が図書館を必要とするという原理の保証、理論的な保証がほしいと考えてきた。

6 〈知る〉という人間の本質

確固とした図書館存在の必要性というものを得たいと思いつつ、それについてのヒント・結論はなかなか見出せなかった。しかしおもしろいもので、ヒントというのは日常の仕事のなかから見つかる。図書館の現場の利用者と司書の関係のなかに、実は不思議な答えがひそんでいた。利用者は知りたいと思うニーズを抱えて図書館に来て、その目的である答えを図書館の資料の中から見つける。その瞬間に、利用者はそれまでとまったく異なる精神状態になる。顔の血色が良くなったり、目が活き活きとしたり、姿勢がよくなったりする。明らかに身体的な、生物的な変化が肉体の中で起きているということに、十数年前に気づいた。

多くの人間が知りたいことを知った時にどういう状態になるか想像していただきたい。体が軽くなったり、体の内部からなんともいえない至福感がわきあがってきたり、体温が上がるような感覚があったり、世界が非常に明るくなったりという、脳の中、肉体の中でも、生化学的な反応が、おきているのではないかと思われる。人間というものは、知識を新しく手に入れたとき、脳の中でシナプスが新しい神経回路を形成するといわれる。その新しい回路が形成されたことがひきがねになって、脳内物質なり化学物質が分泌されて、それによって人間として快い、「快の状態」になるという仕組みが遺伝子の中に組み込まれているのではないだろうか。もし新しい知識を取り込んだとたんに不快な感覚が生ずるような仕組みが遺伝子に仕組まれていたとしたら、人間は、おそらく洞窟の奥で丸くなっていて、そのまま一歩も進歩という道を踏み出せなかったのではないかと思う。

社会的存在となってしまったわれわれ現代人は、通常なんらかの目的を達成するために知的な探査行動をとる。そのために純粋に「知ること」そのものを目的に探査行動をとる人間の本質を忘れてしまっている。

これは人間だけではなくて、犬や猫のレベルでもかなり積極的な好奇心というものを持っていて、それが報われた時に、彼らのレベルでも快な身体的な変化が見てとれる。知識を得るたびに快の状態が発生することによって、条件反射が生じ、さまざまな知的行動が形成されるのではないかと、私は勝手に考えた。そういう意味からいうと、人間だけではなくて、地球上に生まれた生物の遺伝子の中に、ずっと以前からこの仕組みが仕組まれている可能性があるのではないか。そのように生物の中に連綿と受け継がれてきた仕掛けが、人間の中で最も高度に発達して、その仕組みをより効率的に高度に達成するための手段を、いくつも人間は発達させた。そのシステムの中の一つが公共図書館ではないかと思う。

だから法律や社会的制度など外的な環境がいくら変わっても、人間存在の非常に深い本質的な部分の行動様式、遺伝子に刷り込まれたシステムを充足させるために、公共図書館が存在していると考えれば、図書館に対してどのような否定的な条件が生じたとしても、人間の知的な欲求と、それを満たすための図書館の営みが否定されることはない。

知識や情報を人類の共通の財産として、共有化するということが図書館の究極の理念だと思う。図書館を否定することは、地球上の生命の歴史を否定することでもある。

I

第一章　なぜ中央図書館が必要なのか

――公共図書館の可能性――

1　はじめに

多摩市に中央図書館をつくる会による「図書館を知る連続講座」にお招きいただきまして、ありがとうございます。多摩市にはたいへんお世話になっていまして、浦安図書館が開館するときに、多摩市の図書館をずいぶん参考にさせていただいたりしました。館長の伊藤さんには図書館運営についていろいろご助言いただきました。今日は何ほどかでもお返しができたらと思います。

私は図書館の専門職として二〇年ほど現場におります。図書館に関心を持ち、図書館をよくしようと考えてくださる方たちと一緒の時間を共有できることをたいへん嬉しく思っております。今日は、私の方からの一方的な話ではなくて、ご参加いただいた方と中央図書館、公共図書館のシステムというものがどうあったらいいのか、ということを一緒に考えていければと思います。

中央図書館の必要性について話せというお話を軽くお引き受けして後でしまったと思ったのですが、図書館についての研究は徐々に行なわれてはいますが、ひとつの自治体の中でどのような規模の図書館をいくつぐらい作っていけばよいのかということについての研究は、あまり進んでいない。中央図書館の適正な規模ということについての論文は、ぴったりしたものが見つかりませんでした。現在の浦安市の図書館の規模は、多摩市とは少し違うコンセプトになっていますが、浦安の図書館のサービスについての総括も含めて、きちんと整理できていないとお話ができないのではないかと考え、簡単にお引き受けすべきではなかったと反省しているところです。図書館の規模の問題については、少し整理したという程度のお話になります。

2　なぜ図書館が必要か

本題に入る前に、図書館そのものの必要性について、確認をしたほうがいいかなと思います。改めて図書館の必要性ということを考える機会は、なかなかないと思うので。これから多摩市が中央図書館を作るという中で、もし図書館が市民にとって必要ではないということになると、税金の使い途として適正ではないということにもなってしまいます。図書館の必要性がどのへんにどのくらいあるのかということを、まず確認したいと思います。そのあともう少し踏み込んだ形で中央図書館の必要性を考えてみたいと思います。

世界の大きな変化――「自己判断・自己責任」が求められる

みなさんが生活されている中で、あるいはいろいろな報道に接するときに地球規模の大きな変化が起きているということを感じていらっしゃるでしょう。東西の冷戦が崩壊したというのも大きなことですし、経済の関係でも一瞬のうちにさまざまな事件が地球を駆けめぐって、その影響が即世界の各国、各地方に表れてくるという時代になっているわけです。それらの変化が社会や経済や文化や家庭の中までにも入ってきているというのが、私たちの置かれた状態だと思います。

変化についてのいくつかのキーワードがありますが、日本の社会が動いている方向の一つとして、「自己判断・自己責任」を求められる社会に向かっていることは否定できないのではないか。私たち地方自治体の管理職も研修を受けるたびに、これからは地方分権・地方自治、そして自己判断・自己責任の時代だと言われます。

一つ例を挙げます。私たちの図書館には調べものをする席があります。そこでは図書館の資料を使って調べものをする方を優先にしていますので、自分の書類を書いていたり自習している場合には退席してもらいます。ある時、職員が私のところにまいりまして、社会人の方がそこで何か書類を書いているので、注意しようと思って何気なく書いているものを見てしまった。それは履歴書だったそうです。その履歴書には倒産した有名会社の名前が書いてあったというんです。会社が解散になり、次の仕事を探すために履歴書を書いていらっしゃるんです。その職員はさすがに退席していただくことができなくて、黙っていたという報告でした。

大手の銀行でも証券会社でも、一昔前であればそこに就職すれば定年まで仕事を全うして生きていけた。今はもうそういう時代ではない。保険会社もここで、一つか二つ大手がおかしくなっています。そういう時代になってきている。われわれ公務員も、年金にしろ給与にしろ今までのような形で支給されるということはない。先日NHKでNECの人事管理のことを放送していましたが、年間を通じて人事異動をするという、今まではちょっと考えられないようなことがおきている。新しいプロジェクトを立ち上げると、社内で募集をかける。優秀な職員を他の部署が引き抜いていく。突然、自分の優秀な部下が他の部署に引き抜かれてしまう。それが年間を通じて行なわれるという大胆な改革が進められているそうです。

そういう大きな社会の変化の中で、問題のある銀行に財産を預けたらお金をなくしてしまうかもしれない。問題のある保険会社と契約すれば、保障が受けられないかもしれない。一般の市民もそういうことを感じ始めている。問題のある自治体に住んだら、介護保険を受けられないかもしれない。日経新聞がここ一、二年、自治体の格付けキャンペーンを張っていますが、住民がその自治体の値踏みをして選ぶという時代になっていくと言われています。税金は高いが行政サービスの質が悪いというところもあれば、税金は比較的安いけれどサービスの質がいいとか、市民が住み替えていく時代になるだろうと言われています。

NHKで村上龍さんの「失われた十年」という番組をやっていました。この番組の最後に村上さんは、「これからは誰かが言ったことを受けてそのまま実践していく社会ではなくて、一人一人が自分で考えて、自分の人生を選んでいくという時代になる、答えはどこにもないんだ」と発言されていました。日本の社会はそういう形に突入しつつあるのではないか。私個人としては、必ずしもそれがいいとは思いません。横並びでいいじゃないかというのもあります。またそこに日本のいいところもあったわけですが、そういうものをすべて捨てて単純な競争社会に突入していくことが本当にいいかどうかは、一度立ちどまって考えるべきだと思いますが、社会の動きとしては大きく動き出している。

それから、質の時代ということも言われています。今、不況だといいますが、良いものは売れています。これは、バブルの時代を経験して日本人がいいものはいいんだということに気づいたのでしょう。服や靴も良いものを買ったほうが長く使えるんだ、良いものを買って長く使う方がいいんだということを経験したのでしょう。安かろう悪かろうの物はもういい、がらくたを増やす気はないということになった。必要な物は多少お金がかかっても買う。そういう時代になっていると思います。

市民の一人一人が自分で判断する、今までは地域のルールに従っていればよかった、職場の上役の言うことを聞いていればよかった、どこかに横並びで生活していくための規範があって、横並びで生活していくためにはそれを守っていればよかった社会から、ぼんやりしていると自分だけ取り残されてしまうかもしれないという時代に差しかかっている。そして、質の良いものを求める形になっている。隣の人と同じでいいという時代から自分の好みに合った、質の良いものを選ぶという時代になってきている。

そのときに、忘れられていることがあるのではないか。それは正確な情報です。自分で判断して自分で責任を持てというからには、そのための判断材料が必要です。就職するにはどの会社がよいのか、金を預けるにはどの銀行が安全なのか。質を求めて良いものを手に入れようと思ったときにどこで売っているのか、質が良いというのは何を指しているのか、そういう正確な情報が必要になってきている。市民の立場で考えれば正確な情報が公平に、しかもスピーディに提供されるということが条件です。日本の社会全体が自己判断、自己責任というコンセプトでやっていこうということであれば、絶対に必要な条件は市民が必要な情報を正確に、早く手に入れられるシステムの存在です。もしそうでなくして、一部の国民だけに正確な情報が伝わるとしたら、不公平が生じる。おそらく不満が出てきて、社会不安の原因になるだろうと思います。

市民の情報収集能力の高度化

そういう市民の生活状況の中でどんな変化が起きているか。いろいろな変化がありますが、市民の一人一人の情報収集の能力が高まっているということです。テレビと新聞だけではなくてインターネットが代表的で、電子媒体による情報の共有化がどんどん進んでおり、しかもそれが一部の人だけではないということです。サラリーマンは、職場でパソコンでインターネットを使えないと仕事にならないという状況が起きているし、文部省の計画ですと、二〇〇二年までに全部の小中学校にインターネットの端末を設置することになっていて、実際にほとんどの自治体が前倒しで二〇〇〇年か一年までに設置を終了させたいと動いているようです。文部省や郵政省や通産省が補助金を出しています。これはひとつの景気浮揚策ですね。また子どもたちに早くからパソコンを使わせれば、大きくなればみんなパソコンを使える、これが国の政策として決められている。もちろん、このことが子どもたちにとって本質的にいいことかどうかは、別の問題ですが。

家庭はどうか。二〇〇〇年度に入ってから、パソコンの販売台数がテレビの販売台数を上回りました。パソコンはもう家電になっています。浦安などでは、全世帯の三〇%以上にパソコンがあるという状況です。情報収集の環境が整うことが重要だといわれますが、私はもっと重要なことがあるのではないかと思います。それは、今お話したような会社や学校や家庭の変化の中で、市民が「情報そのもの」が役に立つということに気がつきはじめていることです。今まで情報は重要だ、情報を握った者が勝つということは、理屈ではわかっていた。しかし、自分でパソコンを使って仕事をさせられた時に、情報によって自分の仕事が解決し上役から評価され給料が上がってくる、子どもが授業でパソコンを使って情報を手に入れることによって成績が上がる、というようなことを通して、情報はお題目ではなくて本当に役に立つということに気づきはじめているということが重要なのです。

先ほどの話に戻りますが、ごく一般の市民の情報に対するニーズが高まっているということが確実に言える。その現象の一つの現れとして、大都市近郊の図書館の利用が増えている。不況で本が買えないから図書館に来るということももちろんありますが、もう少し本質的な変化が起きているのではないかと思います。

昔の図書館は、貸出される本の七〇％以上は小説とか文学系の本だったのですが、私どもの図書館では、七〇％近くの本が文学以外の本です。実用書、専門書の類の本がそれだけ借出されるようになってきています。読書の内容が明らかに変わってきている。読書の内容の変化、サラリーマンの自己投資、仕事上の問題の解決のための情報などとまとめられます。一冊の本をゆっくり読んだり、厚い純文学の本をゆっくり読み通すとか、「読書」という言葉には、優雅で贅沢な教養主義的な少し古いイメージがつきまといますが、実際にいま市民が図書館で借りて本を読むという行為は、そういうものとは相当違ってきています。図書館の利用の傾向が変わってきて、私どもの図書館でも成人男子の利用がとても多く、仕事上の情報を収集している人が増えてきています。

公共図書館において強化すべき機能と役割

今までの公共図書館ではあまりされていなかったようなサービスについてお話したいと思います。そのヒントとして、ビデオを見ていただきたいと思います。今までお話ししたことを頭において見てください（ビデオ上映（約一二分間）『図書館へ行こう！』第三巻「わが社のデータベース」（社）日本図書館協会監修)。

いかがだったでしょうか。今までの図書館利用とイメージが違うのではないでしょうか。今のロケの現場は私どもの図書館です。空間の感じも見ていただけたでしょうか、今やっていたサービスはほとんど実際に可能なサービスです。ただ、CD-ROMを使っているところで、利用者が自分で見つけてしまいましたけれども、実際は専門の図書館員が使い方とか検索の仕方をサポートすると、かなり効率的に情報を探すことができます。

企業活動に対する情報提供ということでは、「図書館は大きな見返りを提供します」(『図書館のめざすもの』日本図書館協会、一九九七)をモットーにしています。アメリカの大きな企業ではたくさん図書館を使って事業を立ち上げたりして、企業活動にその情報を使っています。オクラホマのタルサというそこそこの規模の都市の会社の社長たちを対象にしたアンケート調査で、新しく企業を始める人たちが成功するために必要な機関は何かという質問に対して、彼らがトップに挙げたのは図書館なのです。

アメリカの図書館は、電話で問い合わせると株価情報を教えてくれるくらいで、驚くべき情報提供機関になっていますが、ビル・ゲイツも若いころシアトルに住んでいてシアトルの図書館を盛んに使った、と言われています。そのためか彼は後に図書館へ多額の寄付をしています。

公共図書館において強化すべき機能と役割ということで、今まであまり日本の図書館が積極的に取り組んでこなかった、取り組めなかった分野についてみてみます。最初に市民への行政情報の提供ということがあります。これは今どこの自治体でも情報公開課がありますが、市役所の中にあって土・日曜日はほとんどお休みです。一般の市民が情報公開課に気楽に出かけていけるようにはなっていません。公共図書館は土・日曜日に開いていますから、ここに市役所が出しているさまざまな資料をきちっと整理して、それらの資料に詳しい司書が配置されれば、相当な部分の情報公開ができるはずです。

また、地元企業への情報提供、地元の中小企業の企業活動や、事業展開に対する情報提供を図書館がするべきだと思います。今までは大企業の系列でいれば中小企業はやっていけたのですが、今、大企業が生産拠点をどんどん国外に移したりして、国内の中小企業を切っていくという傾向です。中小企業は自分で販路を開拓していかなくてはならない。しかし、この不況の中で、会社の経営者は資金の導入の関係などで走り回っていて、とても企業そのものの活動のための情報を手に入れることができない。しかも商工会議所などの資料室がきちんと情報提供ができるかというと、これもまた、資料のプロがそこにいるわけではありませんのであまり当てにできない。地元の企業が活性化して売上げが高くなれば、地元の自治体に対する税金も大きくなります。ですから、公共図書館は積極的に地元の企業の活性化に取り組むべきだと思います。

議員が判断を間違えると大変なことになるわけですから、議員の方が正しい判断をできるように市議会議員に、図書館は積極的に情報提供をしなければいけない。浦安では、議員は市民の代表ですから開館時間以外でも対応する、あるいは議員の選挙が終わったあとには、議員の顔写真をカウンターの後ろに貼って議員が来られたときにすぐ対応できるようにしています。議員が来館された時はすぐに館長が降りていって、何を調べているのか聞いて資料を出すようにしています。そのことが市民のみなさんの利益に跳ね返ってくるわけですから、重要なことです。

行政のトップへの情報提供、これも市長や教育長が判断を誤ると大変なことになるわけですから、こういうセクションに対する情報提供をきちっとやることも、図書館の仕事です。

行政の各セクション、市役所の各部局に対する情報提供、これも今までは市役所で国や県の法律や条例に基づいて仕事をしていれば、ほぼ問題はなかった。三割自治という言葉がありますが、財政的な面ばかりではなくて、仕事の内容も大部分が機関委任事務といって、本来、国や県がやらなくてはならないものを市町村がやっていたわけです。それに対しては、法律や条令やマニュアルができていますから、その通りにやっていればすんでいた。反面、自治体の自由度は、大変少なかったのです。

しかし、地方分権一括法により機関委任事務という概念は消滅しました。地方自治という流れの中で、次第に自治体が自分で判断しなければならなくなっています。当然、正確な情報が必要になってきます。普通の市役所の職員は情報収集のプロではありませんから、どこに情報があるのかもわからない。ここに図書館が正確な情報を集めて提供するということが、仕事としてある。また、市役所の各セクションで購入している雑誌やパンフレットなども一度使って後は放ってある。そういうものを図書館が一括して管理して、無駄なく市役所の各セクションで使えるようにするなど、税金の節約という面からも必要です。これらがこれからの公共図書館の仕事としてあると思います。

具体的な事例を申しあげましょう。浦安は八期二九年間務めた市長がおりまして、その前市長が作った郷土博物館があります。その市長が退任したあと選挙戦があり、現市長は選挙戦の中で、博物館は無駄だから福祉施設に転用すると公約して当選されました。その時に現市長は、青島東京都知事だって都市博を中止したじゃないか、博物館の一つや二つ転用は簡単だと言って当選されました。ご存知のように、都市博はペーパープランの段階で中止したのですが、私どもの郷土博物館はコンクリートが四〇%できていました。博物館というのは転用が非常に難しい建物なんですね。窓が少なかったりしますから。老人施設に転用しようかという話もありましたが、窓がない施設に老人を入れたら病気になるという指摘もあり、担当課は困りました。

図書館では東京都のいくつかのセクションに問い合わせをして、中止になった時の資料をいただき、それを担当課に回しました。賠償の問題とか、最終的にどういう形で収束させればいいのかとかです。そういうことを図書館の業務として、これからできることがあると思います。

今まで通りの古いタイプの図書館であったら、暇つぶしやあるいは一部の本好きの人のために小説をそこそこ貸している図書館であれば、必要性はさほどないかもしれませんけれど、ビデオでご覧いただいたようなこととか、あるいは社会の変化とか新しい可能性を求める、そういうタイプの図書館であれば、私は図書館は重要な施設として税金を使う価値があると思います。

3　自治体の最重要課題は図書館政策
――どういうサービスを市民に提供するか――

私は図書館にとって最大の課題は政策だと思っています。図書館でどのようなサービスを市民に提供するかという青写真が大切です。残念ながら日本の県のレベル、市町村のレベルでも、一般的に言いますと図書館の政策というものがありません。東京都知事が美濃部さんの時代には、さまざまな補助金という形で図書館政策が実施されたことがありました。

それから非常に珍しい例ですが、滋賀県は相当踏み込んだ図書館政策があります。「さきがけ」という政党がありましたが、その代表をしている武村正義さんが以前滋賀県の知事をしておられて、その時に労働省から出向した女性官僚に滋賀県の図書館政策を作らせたということがあります。そのころの滋賀県は、県民一人あたりの本の貸出が、日本の都道府県の中で最下位に近い状況でした。数年を経ずして、三位か四位に大躍進しています。ここは非常に激しいことをして、東京や大阪で上がつかえている優秀な図書館員を連れてきて、県内の市町村の館長に据えるとか、補助金を各市町村に出すとか、そういうことを実際にやっています。

ただ、美濃部さんの政策でも滋賀県の例でも、今は静岡県がそういうことを少しやっていますが、図書館の中身まで細かく踏み込んだ政策というのはありません。他の行政分野は、介護保険をはじめさまざまな行政分野について、中身について踏み込んだ政策が普通はあります。たとえば小中学校は四〇人学級とか、そういう細かい数字にまで踏み込んだ政策が、ほかの行政分野にはあります。人口何人について保健婦さん何人だとか、土管の厚みはどのくらいじゃなきゃいかんとか細かなところまで決まっています。

ところが、図書館に関してはこういうものがありません。ものごとは両面ありまして、ないということは市町村が勝手にやっていいということですから、言わば地方自治の原点、地方自治が貫徹できる。普通の行政分野はそういきません。たとえば今度の介護保険をやりたくないといって、やらないわけにはいかない。学校も三〇人学級でいきたいといっても通常は許されない。それに比べると、図書館は何もきまりがない。地方自治を貫けるのです。でも、なぜそうなったかといえば、見捨てられてきたからです。役に立つと思われてないからです。

図書館の分野ほど自治体によって差があるところはありません。図書館がない自治体もあれば、非常に高度な情報提供サービスを始めているところもあります。その差たるや二〇〇倍から三〇〇倍といっている人もいます。普通の行政分野ではそんな大きな差はありません。その自治体でそのことができないのであれば、補助金とか地方交付税などの税金を投下して、一定レベルの行政をできるようにするというのが日本のやり方ですから、北海道から沖縄までそれほど大きな差がないようになっています。

確かに、図書館以外の公民館や博物館、美術館にもほかの分野のような標準化の仕組みはありませんが、博物館や公民館はあまり大きなイメージの差はないし、やっていることはそんなに違いません。ところが図書館については、一人一人の持っているイメージが大きく違います。国や都道府県の政策がないので、その自治体のレベルで決まってしまう。声の大きい人の言う通りになってしまう。だから図書館の政策は非常に差があります。同じ自治体でも市長が替わったりすると、一八〇度変わってしまう。そういう状況があるわけです。ですから、図書館が大切だということを市民のみなさんがお気づきになったとしたら、図書館の政策をきちっとしろという声をぜひあげていただきたい。簡単に変更しないような、本当に市民の役に立つ、市民が求めていることに対応する図書館政策を作ってほしいと発言しなければならないと思います。

ご存知のように、アメリカは地方分権の国です。五〇州のうち二州は人種差別を是認するような憲法を未だに持っているくらいです。ほかと違うことを誇りにする国民性です。それほど地方自治の強い国でも、国レベル、州のレベル、それからカウンティという郡のレベルそれぞれで図書館政策を持っています。それぞれの役割分担がある。税金の額について言えば、国全体で日本の四〜五倍の税金を使って図書館を運営しています。アメリカは人口が日本の倍ですから、人口比でいっても日本の二倍の税金を図書館に使っているわけです。さらにアメリカの場合には企業の寄付がありますから、その寄付金が相当額図書館に注入されています。『中央公論』の一九九九年八月号に載った、アメリカの図書館の例ということでご紹介します。菅谷明子「進化するニューヨーク公共図書館」というルポです。ぜひご一読いただきたいと思います。私がお話してきたようなイメージが実際に実現している図書館が具体的に書かれています。

4　本屋と図書館の違い

図書館が重要だというお話をすると、本は自分で買うからいらないという人がいます。他人が読んだ本は気持ちが悪いとか、指をなめなめページをめくる人がいるからいやだとかいう人がいます。新宿の紀伊国屋書店とか神田の三省堂書店とかあるいは八重洲ブックセンターなどに日常的に通える人はたしかに、あのレベルの書店であれば相当の本を入手することができるかもしれません。が、通常の人たちは大型書店に日常的に通う条件はないと思います。普通は地元の本屋さんに行くことになるでしょう。

今の出版状況では、普通何部くらい刷られていると思われるでしょうか。通常のハードカバーの本はだいたい二〇〇〇部から三〇〇〇部なんです。ちょっと売れ筋の本で五〇〇〇部、専門的な本だと五〇〇部くらいしか刷られないという状況です。かたや、本屋さんは何軒あるか、統計の取り方で少し違いがありますが、専業の本屋さんは全国で二万軒あるといわれています。コンビニなどは除いてです。二〇〇〇冊の本を二万軒の本屋さんが奪い合う、これが現在の本の世界です。一〇軒に一冊しかまわらないのです。大都市にある大型書店が何十冊と押さえてしまう本もあるので、地方の本屋さんには面白い本がなかなかまわらない。

しかも、一年間にどのくらい本が出版されるかというと、だいたい八万冊くらいです。三六五日で割っても、一日二〇〇冊以上です。毎日二〇〇冊以上新しい本が出ている。ですから、本屋さんで同じ本が並んでいる時間はどんどん短くなっています。入れ替えないと新しい本を本棚に並べられません。しかも悪いことに、一軒の本屋の売り場面積はとても狭い。これは日本の本屋の特徴です。欧米の本屋は一軒当たりの面積が大きいので、ある程度の本をかかえて商売ができますが、日本の本屋は売り場面積が非常に小さい。狭い売り場面積で売上げを上げなければならないとしたらどうしますか。売りやすいもの、売れるものを置きますね。ですから、雑誌、漫画、文庫、学習参考書が幅をきかせてしまって、われわれが読みたい、必要な、意思決定をするための、情報を手に入れるための本、その手の本は本屋に並んでいる可能性が少ない。

本屋で自分のほしい本は手に入れているという人は錯覚をしているか、嘘を言っているかなんですね。しかも本屋さんに並んでいる本は今お話したような状況ですから、新しい本しか並んでいない。パソコンの本を買いに行ったら、ウィンドウズ98か２０００の本しか売ってない。ですが、みなさんの家庭や職場で全部のパソコンが最新のＯＳとは限りません。ウィンドウズ95や3.3やＭＳ−ＤＯＳで動いています。その本を買おうとしても本屋にはありません。

ここが本屋と図書館の違うところです。長い間本を蓄積して、必要な情報を提供する。たとえば、盆栽の本の棚に立てば盆栽の歴史や盆栽の全体が、ある程度わかるような蔵書構成をしているのが図書館です。ところが本屋には、たまたまその時に出版されている本しか並んでいない。いきあたりばったりでひまつぶしの本を探しに行くのなら本屋さんでもいいでしょうが、意思決定にかかわるような情報を必要なときに手に入れるためには、本屋は十分とは言えません。図書館がどうしても必要になります。

5 なぜ中央図書館が必要か
――多摩市と浦安市の比較を通して――

中央図書館がなぜ必要なのか。多摩市のように、一〇〇〇から一五〇〇平方メートルくらいの地域図書館がいくつかあるところでは、同じくらいの規模の図書館を作って、そのひとつを中央図書館とするやり方もあるかと思いますが、ここでは少し規模の大きい図書館を中央図書館として想定してみたいと思います。

多摩市ではこの永山図書館が、五六万冊の貸出があって、所蔵冊数が約一一万冊です。浦安は、中央図書館の貸出冊数が九二万冊くらい、蔵書が六五万冊です。多摩市に比べて浦安の場合には、他の図書館は分館なので所蔵冊数が四~五万冊です。そして貸出冊数も多いところで一八万冊くらい、そして一五万冊くらいが二館あって、あとは一〇万冊くらいです。図書館の数としては浦安のほうが一つ多い。他に移動図書館があります。そういう構成になっています。

これらからいくつかのことがわかります。浦安の中央図書館を除けば、多摩市の図書館のほうが規模が大きく、本の数も多いことがその一つ。多摩市は八万冊から一〇万冊くらいの蔵書の図書館が四館あります。浦安は中央図書館以外は四～五万冊です。多摩市は蔵書規模が同じくらいの図書館がありますが、永山図書館だけ利用が非常に多い。浦安の中央図書館の半分くらいの貸出をしている。永山図書館は非常に効率がいいです。浦安は中央図書館が非常に大きな貸出をしています。全体の貸出の六割くらいを中央図書館が稼いでいます。ですから図書館のコンセプトとしては、相当違うということがおわかりいただけるでしょう。

職員の人数も違います。多摩市の場合は一館にだいたい四～五人、浦安の場合には分館には正職員は二人です。そのかわり中央図書館に三二人集まっています。このことがサービスのあり方にどう出てくるかという問題があります。

ポピュラーな本は、全部の図書館になければならない。しかし、小さな図書館はポピュラーな本だけでいっぱいです。中央図書館は非常に大きなキャパシティを持っていますから、専門的な本まで多くの蔵書を持つことができます。

乱暴にいうとこういう違いがあるということです。これは、先ほどお話した政策に関係しますが、本好きの人に暇つぶしの本を提供する程度でいいというのであれば、分館で対応できる。身近な図書館にある程度の規模があって、そこそこの本が揃っているというのでいい。しかし高度な情報提供もするということになりますと、中央図書館のほうがいいわけです。この大きな図書館を身近にたくさん作ればいいじゃないかと、アメリカなどにそういうことを言っている人もいますが、これは財政的なことがありますから、理想的かもしれないけれどもなかなか難しいです。

6 資料群の力
――知の体系――

そもそも本というものはどういうものかと言いますと、一冊の本を読むことによって人生が変わってしまうという話があります。たしかに、本はそういう大きな力をもっている。その人の置かれた状況とその本の力が出会えば、一冊の本がその人の人生を変えることがある。ですが、実際はさまざまな本を毎日のように読むことによって、少しずつその人の生活が変わっていくということのほうが多い。図書館の基本的な機能はそのへんにあると思います。

その時に、本の力というものは一冊の中にもあるが、ある程度の数が集まることによってより強くなります。資料群と呼んでいますが、一冊よりは二冊、二冊よりは一〇冊、あるいは一〇〇冊というふうに、本が集まることによって一＋一が二ではなくて、三にも四にもなるのが本です。なぜかというと知識の塊だからです。一冊の本ですべての知識を網羅することはできないわけで、いくつかの本が集まることによってカバーする範囲が広がり、内容的にも奥行きが生まれ、知識の構造が体系的、立体的になります。

一冊一冊の本は中身に偏りがあったり欠けているものがあったりするんですが、それがある数集まった時点で非常に大きな力を発揮するようになる。そこから真理が生まれてくる。一冊の本の中には一つの事実しかないかもしれない。しかし、その膨大な事実が集まる中から真実が生まれてくる。事実だけの集まりであれば、一＋一＋一……はその総和でしかないですが、真実が生まれてくることによって何倍も大きな力になってくる。知識というのはそういうものではないかと思います。

人間の本質というものの一つに、多数の事実の中から普遍的なものを見つけていくという能力がある。日常的に互いに矛盾するような事実が繋がっていく、その中に一本通っている真実というものを見つける。人間の営みの一つです。社会的現象でもそうですし、自然科学的法則でもそうです。たとえば植物や動物にはこれだけいろんな種類があるけれど、人類はその中で遺伝子というものがそれを全部束ねているということについに思い至ったわけです。たった四つくらいの物質がさまざまな組み合わせになることによって、これだけ多様なものができているんです。表面的に見ていたらその統一的な部分、統一的なレベルなんてわかりません。しかしこの多数の事実の中から、普遍的なものを見つけたわけです。それがまさに人間の本質であり、知の体系、知の本質だと思います。

実はそれが本の中に埋め込められている。本の中に書かれている知識がそういう性質をもっていると思います。一〇〇冊の本より一〇〇〇冊の本、一〇〇〇冊の本よりは一〇万冊の本ということになる。ですから、本屋さんでも図書館でも規模の大きい空間に入ると、本を読んで本の力を知っている人であればあるほど、そこから放射されている力を感じるはずです。それが私は知の体系化だと思います。めちゃめちゃな本がめちゃめちゃに集まっているのではなくて、訓練を受けた司書が、役に立つ体系化された資料を図書館の本棚に構築したとき、初めて大きな力を発揮することができるのです。

7　分担収集か金太郎飴か

ある程度の規模の図書館が揃うと必ず分担収集という話がでてきます。浦安の四～五万冊のレベルでは分担までいきません。四～五万冊のレベルですと、金太郎飴になってしまう。金太郎飴の図書館はよく非難されますが、私はそんなことはないと思う。浦安は面積一七平方キロメートルのところに大体一三万人が住んでいます。この地域に住んでいる人はこういう本を読む、こっちの地域に住んでいる人はチャンバラしか読まないなどということはありえない。どこに住んでいる人も、同じ本を読みます。それを分担収集して、うちの近くの図書館には自然科学の本しかないんだよ、私は料理の本を借りたいんだけど一番遠い図書館に行かないと料理の本はない、ということにもなりかねません。だれでも読む本はどこの図書館にもなければならない。小さい規模の図書館では当然、金太郎飴になります。それで正しいのです。

しかしもう少し規模が大きい図書館になりますと余裕がでてきますから、多少専門的なコレクションを作ろうかという話になります。その時に、この図書館は自然科学、この図書館は社会科学となるんですが、ここが非常に難しいところです。こういうやり方で有効な場合もあるかもしれません。地理的な条件とか人口の集中の度合いとか、図書館と図書館の距離だとかによってはそういうことがあるかもしれない。しかし先ほどお話したように、資料を群というふうに考えた場合に、資料を安易に分散させてしまっていいのかという問題が出てきます。

特定分野だけが必要とされる場合は、一ヵ所に集まっていた方が便利ですが、いろいろな分野の本を見なければならない場合も出てきます。今はバリアフリーの時代ですから、自分の専門分野を全うするためには、自分の専門以外の分野を勉強しないと自分の専門分野を全うできない時代です。いろいろな分野の本を収集するとなると、一カ所に集まっていた方が便利かもしれない。そういうことが資料の階層化の問題としては出てくる。ですからとても広い自治体で、ここにあるような大きな図書館を真ん中に建てて資料を集中したとすると、近くの人は便利だけど遠く離れた人は使いづらくなってしまう。そういうところはある程度資料を分散させざるをえない。しかし浦安や多摩のように地域が狭いところでは、大きな図書館を真ん中に建てたほうがいい。

これは、図書館政策が明確になっていて、どういう情報を市民に提供するかがきっちりしていれば、おのずとはっきりしてくるはずです。レジャーランド型のマンガやビデオを提供すればいいということならば、そこそこの規模のものをバラバラに作ったほうがいい。レベルの高い情報を集中して発信するということであれば、あるいは人口密度が高くて地域が狭いということになれば、中心地に大きな図書館をつくることは妥当だということになります。これが理想的な図書館ということはありません。その地域で図書館に何をさせるか、市民は何を求めているか、地理的な条件、人口の広がり方、年齢構成などが関わってくると思います。

8　図書館機能の階層化
――施設のあり方――

次に機能の階層化について考えてみます。これは、本の中身ではなくて施設のあり方、たとえば視聴覚室、ボランティア・ルーム、レファレンス室などについての問題です。これも、すべての図書館にすべての図書館的機能が必要かという問題があります。身近な図書館に全部の機能があったら素晴らしいです。全部の図書館にボランティア・ルームがあって、レファレンス室があって、視聴覚室があって、児童室があったらこれは素晴らしい。しかしそれほどの規模の大きい図書館をいくつも作るわけにはいかない。

浦安や多摩のように地域が狭いところならば、多様な機能を持った中央図書館を作ることによって、日常は家の近くの分館でいろんなものを借りられる。また、必要になれば車で中央図書館に行ってボランティア・ルームでみんなで打ち合わせをしたり、映画を観たり、講演会を聴いたり、レファレンス室で高度な情報提供を受けたり、というように多様なサービスを受けることができることになります。

しかし同じくらいの規模の地区館で、児童書と一般書くらいしかない施設をいくつ作っても、多様な施設としてのサービスは受けられない。小さな図書館の気安さというのはあるでしょう。浦安の分館は二〇〇～三〇〇平方メートルですから、近所の顔なじみの人が来て職員とコミュニケートしますから、気安くて人気があります。大きな図書館はなかなかそうはいかない。

その代わり大きな図書館は多様な機能をもっています。それをどう組み合わせるかということです。大型図書館で初めて実現する公民館的機能というものがあるわけです。公民館の方たちは公民館は地域の人たちが自由に集まって、そこで交流しコミュニティを作っていくんだとよくいいます。ところが公民館は実はそうはいかない。決まりきったサークルが決まった日にきて、部屋に入って活動してそして帰ってしまうわけですから。ロビーですれ違って多少話をすることはあっても、それはほぼ特定のサークルの人がすれ違うだけで、公民館を定期的に使わない人が、公民館のホールに行って他の人と話をすることはきわめて少ないわけです。

ところが図書館は、実は公民館的な機能を意識しているわけではないのですが、そういう効果が出ています。ある程度規模の大きな図書館になればなるほど、ロビーなど自由な空間で、本当にいろいろな人がなにげなく来てそこで出会っているんです。これはまさに公民館がめざしてきた公民館的機能です。そういうものはある程度の空間がないと実現しません。図書館に入ってエントランス・ホールがあって、そこになんとなく座っていても不自然ではない、そういう空間がある。空間と人間の意識には一定の法則があります。一定の広さがなければ自由な雰囲気は発生しない。これは大型の図書館の自由空間になって初めて生まれる機能だと思います。

図書館建築は単館ではなく、図書館システムで

私は図書館建築は単館ではなく図書館システムでと考えています。建築家は図書館を設計するときに、その一館の図書館の設計だけを任されますから、その図書館だけで一所懸命になります。たとえば、図書館が本来持つべき多様な機能をとにかく盛り込もうと思った建築家は、狭い面積の中に無理やり押し込みます。児童室も一般室もレファレンスも視聴覚室も、ラウンジも喫煙室も。それは絶対に無理なことで破綻します。どれも中途半端になってしまう。逆にそういうことに興味がない人は、本来必要な機能も持たせないような図書館を作ってしまう。

これはどっちにしろ単館では無理なのです。よほど大きな建物でなければ一つの図書館でそういう図書館の全部の機能を持たせることは無理です。浦安市なら浦安市、多摩市なら多摩市の中でいくつ図書館を作るか、どういう規模で作るかという中で、全体として図書館が本来持つべき機能を完成させればいいわけです。

規模の大きい図書館の感じというのは、大きなホールがあってホテルのホールのように自由に市民がくつろげる。一般書架は非常に自由である程度音がするけど、レファレンス室は静かで図書館員がいつもそこに座っていて、調査研究のための豊富な資料がある。集会室もたくさんあってそこで読書会があったり、ボランティアが活動していたりする。浦安の場合には初歩的な本と専門的な本が別の場所に置いてあります。専門的な本を集中的に調べるための空間も用意されている。そう

いうものを市民の皆さんが、多摩市の図書館システム全体を必要とするかどうか、ということになってくるのだと思います。

9　浦安市の図書館について

浦安の中央図書館は、五〇〇〇平方メートル強あります。ポピュラー・ライブラリーと言っていいかと思いますが、一階のエントランス・ホールを入ると、右側が児童室、真っ直ぐ行くと一般開架室、ずうっと行ってさらに先のところがレファレンス室になっています。二階に集会室と視聴覚室があります。その地下に移動図書館の書庫があります。増築をした部分はほとんど書架になっています。ここにある程度専門的な本のコレクションがあります。全体で三五万冊の本が、皆さんが手にとって見ることができるようになっています。さらに合計で三〇万冊の閉架書庫があります。中央図書館全体では約六五万冊になります（全体図は第一一章を参照）。

中央図書館の規模と機能――市民の知的活動の求心点

中央図書館の規模と機能について話したいと思います。本の階層化といいましたが、本がただ平坦に存在しているのではない、図書館のサービスの機能もただ並列に存在するのではない、ピラミッド状になっている。その場合の中央図書館の規模と機能とを改めて考えてみると、私は図書館とは市民の知的活動の求心点ではないかと思います。今晩のおかずを何にしようかというのから、私はどうやって生きていけばいいのかということまで、すべての質問にとにかく答えを出せるというのが図書館です。みなさん意外とそう思っていないんですが——本を借りるところだと思っている方が多いんですが——本を借りるというのは手段なんです。

貸出・返却という言葉はよくないと思います。一度読んだ本の中身は頭の中に入りますが、本を返すときに本と一緒にその中身も図書館に返す。これだったら貸出・返却というのもわかるんですが、実際は本の中身は皆さんの頭の中に入っているわけですから、図書館の機能は知識・情報の提供です。大げさに言えば、人類一〇〇万年、二〇〇万年のあいだに蓄積されたすべてをみなさんの身近な図書館で提供できるということです。これが図書館のコンセプトです。

一番身近な小さな図書館を水道の蛇口だと言いますが、大きな貯水池が遠くにあって、貯水池まで行く必要がない。国会図書館の本でも、東大の図書館の本でも、アメリカの議会図書館の本でも、一番身近な図書館という水道の蛇口から手に入りますよ、というのが図書館のコンセプトです。

それをコントロールするのが中央図書館です。シンボルとしても、実質的にも知的活動の求心点です。図書館サービスをどういうふうに市民に対して行なうかということについて、職員の意思統一をして、サービスに一貫性をもたせるためのコントロール・センターだと思います。これをばらばらにやっている図書館がかなりあります。

東京二三区の図書館の中には一〇年前は図書館によって貸出冊数が違うなどということもありま

した。そういうことがあってはいけない。どこに住んでいても均質なサービスが受けられなければいけない。それをきちんとコントロールするのが中央図書館です。

資料管理のコントロール・センター

どういう本を買って、保存して、廃棄するかということをコントロールする。多摩市の図書館はこういうことを相当うまくやっていますが、規模が同じような図書館ではこれがうまくいかないところも多い。情報のコントロールも重要です。電算関係やデータベースのコントロールも一カ所で、管理をするためのチームが必要になる。もちろん、電算関係のコントロールは今どこからでも管理できますが、本来そのチームが同じところにいて、通常の管理と併せて力を合わせて緊急事態に対応できるというほうが危機管理のためにも重要だと思います。ハードは分散できますが、情報システムのコンセプトとコントロールは統一すべきです。

全図書館システムのバックヤード

最後に全図書館システムのバックヤードです。私はこれが一番重要だと思います。人が多くいる、資源もそこにある、そうすると余裕がうまれるので、突発事故があった時にそこから人を出したり、本を提供したり、車を出したり、そういう対応ができる。危機的な状況の時はもちろん、日常的な業務のときにも、そういう後ろ盾があるということの安心感が大切です。市民にとってはそれだけ

中央図書館　新刊書棚　　2003年２月

中央図書館　カウンターと雑誌コーナー　　1998年２月

の知識の階層的な大きな塊が存在することの安心感、職員にとっては仕事をしていく上での拠りどころとしての安心感、こういうものが実際の機能だけでなく、メンタルなものとして大きな機能があるわけです。

アメリカは一自治体で図書館を持っているところは比較的少ない。カウンティ（郡）といういくつかの自治体が集まって行政体を形成していて、その郡が一つの図書館システムを運営している例が多いのです。各自治体には図書館があり、郡のどこかに大きな中央図書館を作っている例が多いです。カウンティの中央図書館ということです。浦安にはディズニーランドがあるので、ディズニーワールドがあるフロリダ半島のオーランド市と姉妹都市になっています。この町はカウンティの中心地で、中央図書館があります。図書館の面積は二万平方メートルです。浦安が五〇〇〇平方メートルですから、大きな図書館です。多様な市民の要求に階層的に応えています。つまり、日常の利用は分館でいいけれど、少し高度な利用は中央図書館でというわけです。

浦安の土・日曜日と平日の貸出冊数を、中央館と分館に分けてお話しします。平成元年に増築が完成しました。増築前までは三〇〇〇平方メートルで、市民が手に取れる本の数は一五万冊でした。市民の触れる本の冊数が平成元年は一五万冊プラス数万冊でしたが、増築した書庫の部分にだんだん本が集まってきて、手にとってみられる本が増えてきました。するとその後は中央館の貸出点数だけが伸びており、分館は微増です。中央館は土・日曜日の貸出が増えています。どういうことかといいますと、平日は家の近くの分館を主婦や子どもたちが使っている。平日は中央館も分館もそんなに差がない。土・日曜日には車で町じゅうから中央館に集まってくる。しかも平成元年に書庫ができて、そこに市民が手にとって見られる本が毎年増えてきます。それにしたがって見事に中央館の利用が増えています。つまり、市民が図書館を階層的に使うようになってきたわけです。

中央館と各分館がどのように使われているかを見ると、中央館しか使っていない人が四五％いますが、たとえば堀江分館しか使っていない人は八・四％で、その地域の九二％は中央館も使っています。中央館の規模が大きくなると、こういうことがはっきり起きてくる。蔵書の数、質、それから建物の機能、そういうものを使い分けるという形が出てくるのです。

ハイブリッド・ライブラリー

ハイブリッド・ライブラリーについては、「資料群」、「多数のインターネット端末」、「司書」が問題となります。

インターネットだけでは役に立たないと感じている方も多いと思います。立花隆さんが最近言っているのは、現在ではまだ印刷媒体の方がインターネットより効率的だということです。インターネットは、キーワードを二つか三つ入れたくらいでは、たちまち二万、三万という数がヒットしてしまって、ゴミのような情報ばかりが集まります。

インターネットの特徴は、最新の情報とか思いもかけない情報には強いのですが、情報が断片的だったり、信頼性や情報の密度が低いということにあります。立花隆さんがいろいろ調査された結果、情報を手に入れるための時間とコストを本や雑誌と比べると、本、雑誌の方が時間もコストもかからないことがわかった。印刷物はどういう特性を持っているかというと、その専門分野の人がすでに一定のテーマに沿って情報を収集して、取捨選択をして情報の信頼性についても評価している。たとえば岩波書店から出ている本や雑誌は一定の評価があって安全性が高い。もちろんこれは比較の問題ですが。インターネットは、最近はわざと判断を迷わせるような情報もどんどん流されているし、総体としてまだまだ信頼性が低い。ノイズも多い。それに対して、印刷媒体は密度が高く、網羅性がある、その分野についての歴史的な経過についての情報もある。情報の印刷媒体の優位性は非常に高いと言っています。

しかし、インターネットは便利です。今日はここに来るのに、私の家のある駅からここまで何分かかるかインターネットで調べました。実際の時刻表を組み合わせて時間を出してくるんですね。何時にこの駅から電車に乗れば、何時に永山駅に着くかが出ます。そういう機能は印刷物にはない。出張するとき、出張先の天気もインターネットで調べます。電話でも調べられますけれども、市外局番を回してから天気予報の番号を回して聞きますから電話代がかかる。インターネットだと七円、時間帯によっては五円ですみます。

こういうことはインターネットでしかできません。したがって一番いいのはインターネットと本を組み合わせるということです。インターネット推進派の中には、インターネットがあれば図書館も本もいらないという人がいますが、描いているイメージはどういうものなのでしょうか。夜中の電話料金が安い時に、部屋に閉じこもって一人でパソコンに向かってキーを打っている、それが未来の私たちの情報収集の姿なのか。なんと不健康で協調性も社会性もない姿でしょうか。そんなふうにして情報を手に入れることが、幸せな豊かな生活と言えるのか、と私には思えます。

そのあげく断片的な知識しか手に入らない。その裏づけを取るためには結局本で調べなければいけない。次の日図書館に行かなければならない。だったら、早く寝て早起きしてはじめから図書館に行ったほうがいい。ただ、その図書館は相当の本がなければならない。良質のコレクションがなければならない。最低でも二〇万冊はほしい。三〇万冊あれば素晴らしい。そして、インターネットの端末が一台二台でなくて、四〇台五〇台あって、そしてもっとも重要なポイントは訓練された司書です。インターネットについても本についても知識があって、助言をしてくれる司書がいる、この三つの条件が揃っている図書館ができたら、私は新しい図書館の利用の爆発が起こると思っています。ロサンゼルスやサンフランシスコでは、こういうタイプの図書館で利用が非常に増えてきている。インターネットと本の組み合わせが情報収集では効率的だということです。そのためには一定の面積を持った図書館がなければ無理です。

いまの時点で多摩市では、五〇〇〇平方メートル以上の中央図書館があっても少しもおかしくない。今までお話した三拍子揃ったハイブリッド・ライブラリーを実現するための図書館となれば、少なくともそれくらいのものは必要でしょう。千葉県に光町という自治体があります。人口は一万五〇〇〇人です。多摩市の一〇分の一です。光町立図書館の面積は約四〇〇〇平方メートルあって、たいへん活発に利用されています。光町の例からすると、多摩市には四万平方メートルの図書館があってもいいわけです。もっとも、複合施設で機械室だとか集会室とか視聴覚室とかラウンジとかを共有するということになれば、図書館部分だけでいえばもう少し狭くてもいいかもしれません。しかし、単独館で建てるのであれば、一万平方メートルあってもおかしくないでしょう。

これまで述べたような条件をクリアすれば、生活を豊かにし仕事上でも役に立つ、この不況を打破するようなアイデアが生まれてくるような、本当に素晴らしい図書館を実現できるのではないかと思います。

10　質問に答えて

――「図書館友の会」について

一九九二年に図書館の読書会、点訳・朗読のボランティアの方たち、子どもの本の研究グループから一一人が、先ほどお話したフロリダのオーランドという姉妹都市の図書館を調査しに行くという、浦安市としての国際交流事業がありました。参加した人たちを向こうの図書館友の会の方たちが世話をしてくれました。フレンズ・オブ・ライブラリーといい、アメリカでは全国で二八〇〇くらいあるといわれています。名誉会長はヒラリー・クリントンです。その活動状況を見て、翌年に、自分たちも浦安にああいう会を作ろうじゃないかと自発的に作ってくれた会です。会員が七〇～八

○名、日常的に活動している人は二〇名くらいです。
図書館の主催事業の受付とか、図書館の市民に対する意識調査の手伝いとか、体の不自由な方が図書館に来るときの送迎とかを、お手伝いいただいています。会のスタンスとしては、一般の市民と図書館の間の橋渡しをする。市長や議員に対してロビー活動をする。市民として図書館をよくしてほしいとアピールする。そういう意識でいてくださっています。圧力団体にはならないサポーターという形です。

月に一回「友の会デー」を催して、図書館についての勉強をしています。その会には図書館の職員が出て、図書館のいろいろなサービスについて説明します。年一回の総会の時に、いろいろな活動を積極的にしている図書館の館長さんに講演をしていただく、そしてその館長さんの図書館を見学する、というようなことを相当活発にされています。

たとえば私どもの図書館で貸出冊数の累計が二〇〇〇万冊を超えたので、その記念のセレモニーをしました。その時に市長を呼び新聞記者を呼んで、記事になるようにお膳立てをする。友の会の人たちは率先して集まって来てくださいます。終わると市長のところに集まっていって、「市長さん、図書館いいですよ。つぶしちゃだめですよ」とか言ってくれます。そういう会です。

――議員への情報提供・議会図書室

もちろん議会には議会図書室があります。多摩市の状況は知りませんが、浦安も含めて千葉県内の市町村の議会図書室には専門の司書はいません。一般の職員が定期異動でまわってきますので、議員たちが必要とする最新の情報をきちっと集めることは困難です。議会と図書館は歩いて二〜三分ですので、議員たちはご自分で図書館に来られることが多いです。

図書館としても議員が駅で撒く議会報告なども全部収集して議員別にファイルしていますし、新聞記事についても五大紙プラス日経新聞と地元の新聞をチェックして、浦安とディズニーランドというキーワードのある記事は毎日全部切り抜いて分野別の資料を作っていますので、そういうものを議員たちは見にきます。また、中央官庁が出している報告書で都道府県レベルでとどまってしまう情報も収集して置いてあります。議員にはそういうものをお勧めしたりします。一週間単位で見れば、必ず一人や二人の議員の方がおいでになります。以前、図書費が少し削られた時には、最も市長寄りの議員と、中間派の市民派の議員と、共産党の議員が図書費を減らすなという一般質問をしてくださいました。議員の方がある程度図書館を使って、その便利さを感じていただいているのだと思います。

――浦安の市議会に対する対応・浦安市議会の目立った活躍・中央図書館に対するサポート

浦安市立図書館の計画が立ったのは昭和五四年くらいです。浦安は昔は漁村で、埋め立てで四倍の大きさになった町です。四倍になっても一七平方キロメートルという町ですが、埋め立てをしたことによって、外から大量の新しい都市型の住民が転入してくることがはっきりしたわけです。

そのころの市のトップは（当時町長）、都市型の市民に対してどういうサービスをしなければいけないかということで悩んだと思います。そこで、言ってみれば高く売れる町づくりを考えたのだと思います。ミニ開発をさせない、賃貸住宅は建てさせない。公団住宅も分譲がほとんどです。そして、道を広くし緑地を広くとる。また、教育や医療や福祉に先行的に税金を投入するという大きな方針を立てました。

そういう町づくりの中で図書館にも目をつけたということで、図書館だけ目玉にしたのではない。本当は新住民をどんどん入れた方が税収が早く上がりますから、その方が潤うわけです。そこにちょっと時間をかけて転入してくる人が少し先に延びても、町づくりをしっかりやったわけです。戸建のところも一定程度以下の小さな面積の戸建は認めないとか、集合住宅についても駐車場をそこに住んでいる人の分は確保するとか、相当細かい行政指導をしました。町工場は建てさせない、木賃アパートは建てさせない、個人商店も建てさせない、店はショッピング・センターに集中させるなどとやったものですから、ちょっと日本では他にはないような町ができています。そして、そこにディズニーランドを呼んだわけです。

地価の上昇率が日本一という年が十数年続きました。一番高かったころはディズニーランド近くの一戸建てが三億円しています。地価がそれだけ上昇するということは、固定資産税もそれだけ上がっていくということで町としての必要な税収を確保できたわけです。そういう市長のコンセプトが非常にはっきり出ていました。

議員たちが図書館に対して賛成だったかというと、最初は「町の住民が本なんか読むわけねえ」という議員もいらっしゃったんですが、議会に対する根回しもうまかったのでしょう。当時の社会教育課が最初に設計した図書館は二〇〇〇平方メートルだったんです。その当時千葉県で一番大きな市立図書館は、人口四〇万人の柏市の図書館で、それが二〇〇〇平方メートルでした。その頃の浦安の人口は六万人足らずでした。ところが、市長は、それでは小さいから三〇〇〇平方メートルにしろと言ったんです。これがどういう思いつきだったのか、いまだによくわからないんですが、政治家としてのセンスが非常にある方でしたから、何かひらめいたんでしょうね。二〇〇〇平方メートルだったら、こんな爆発は起きていないと思うんです。

三〇〇〇平方メートルの図書館を作って予算をつけて、専門職を置いたというのが大きなポイントだったと思います。今、四四人中四三人が専門職です。先ほどからお話している図書館政策として市長が提示したことが重要だと思います。個人的に反対の部課長はいたと思いますが、首長の政策として示されれば、優秀な公務員というのは粛々と仕事をするのです。

そういう全体像がありますから、議員の方たちもいいだろうということで、蓋を開けてみたら、非常に大きな利用が生まれてきて、浦安の名前をディズニーランドだけでなしに図書館でも挙げることができた。それで、議員たちは納得した。自分も使ってみて、これはちょっと使えるじゃないかということになってきた。すると、陰に日向に応援をしてくださるようになってくる。だから、最大のＰＲはサービスそのものです。それを地道に続けていけば、評価は付いてくる。議員について言えば、そういうことでお使いいただいて、評価していただくように少しずつなってきたんじゃないかと思います。
何よりも強いのは、一年間で市民の六〇%がなんらかの形で図書館を使っているというデータが出ていることです。全国平均では、大体一〇~二〇%ですから、驚異的な数字です。議員もよく事務室に顔を出してくださいますし、こちらもいろいろ話もします。議員に積極的に表立って何かをやっていただくということがあるわけではありませんが、そういう関係を作っているというだけでも、非常にありがたいことだと思います。市役所から見ればなんで議員が図書館に出入りして、事務室にも出入りしているんだろうということになりますが、そのへんが図書館にとって一番嬉しいことだと思っています。

――図書館政策を推進するためには

政策を実現させるための一番の近道は、議員が議会で取り上げる、それから日常的に行政の各セクションに出向いてアピールする。これが一番効くと思います。ほかの行政分野については国の政策がすでに定まっています。各自治体で一定のレベルのサービスをしなければいけないと法律などで決まっていますから、それに対して補助金が出る。ですから自治体は努力しなければならない。法律で定った予算はどうしても削れない。それに比べると図書館は何もありませんから、何もしなくても法律に触れないですから、優先順位としては予算を切られがちなんです。図書館の予算を切りたくなくても、他の行政分野は法律で決められていますから、お金と人間を投入せざるをえない。切れるところを削る。それをなんとかそうではない方向にもっていく、それは市民の皆さんの意思と、市民を代表する議員の方の働きにかかっている。

これが国の政策がないことの一番困ったところでして、ないから自治体が自由にやれる反面、法律的なあるいは条例的な後ろ盾がないから、皆さんがここに使うものをこっちにまわせというふうに言わない限り動かない。本当のところを言えば、都に図書館政策を作れと、都議会などでアピールし、国会でもアピールしなければ問題は動かない。

アメリカは国全体で日本の四～五倍の税金を図書館に使っています。実は、アメリカでは図書館を文化政策だけではなくて、情報政策としても位置づけています。ゴア副大統領が情報ハイウェイ構想を打ち出しましたが、その中に公共図書館も入っています。アメリカは、インターネットと情報機関を使って国を強くしていこうという、まさに国の政策として図書館を位置づけているから、それだけ税金を使えるのです。

私が心配なのは日本はそういうことをしていませんから、市民一人一人の力を高めて国を強くしなくてはいけないのに、そのシステムがありません。サラリーマンが勉強しようとしても、するところがない。あの戦争で情報で負けたのに、また情報で負けるのではないか、そこが心配です。

――図書館に本を寄贈したいのだが……

実は寄贈といっても、不要になった本を寄付されるのがほとんどです。結論から言えばそこが問題なのです。本当に必要な本はみなさん身近に置くものです。図書館で借りたいのも、そういう重要な本です。ですから、本当にほしいものは寄付されません。ミステリーの読み終わったのとか、一〇年も前の百科事典とかが大量に寄せられます。うちでも年間一万冊寄贈を受けますが、八割は使い物になりません。すでに受け入れている読み捨てにするような小説などはたくさんきますが。

そして本を図書館の資料として受け入れるためには、フィルムを貼ったりデータを作ったりするために、浦安の場合についていいますと、一冊につき二〇〇～三〇〇円から多いものですと四〇〇～五〇〇円のコストがかかります。一万冊そのまま受け入れますと、たいへんな費用がかかってしまいます。もちろん、図書館で使えるものは活用しなければいけない。浦安ではいただいた本を市のリサイクル・センターに専用の場所を作って、二〇〇〇冊くらい並べておいて、市民はいつでもそこから好きな本を持って帰れるようにして八〇％ぐらいは再活用しています。

――インターネットの端末を置くことはできないのか

これについては、先ほどお話ししたように数十台の端末を置かなければならないと思います。パソコンが高ければ、コネクターだけを図書館のいろんなところに用意しておいて、市民が自分のノートパソコンを持ってきてコネクターでつないで使ってもいいでしょう。本とインターネットの組み合わせが重要だということです。中身の問題としてはインターネットの断片的だけれど新しい情報と体系的な本の情報を組み合わせることが効率的だと思います。

もう一つのインターネットの重要な課題としては、有料のデータベースの問題があります。個人で契約すると何万円もするデータベースを、図書館に行けば無料で使えるという仕組みを作るべきだと思います。現在、全国で公共図書館が二六〇〇ほどあります。一館が一〇万円お金を出したとすれば二億六〇〇〇万円になりますから、そういうお金をまとめて支払って、新聞のデータベースを公共図書館では無料で使用できるように交渉して、市民が図書館にくれば有料のデータベースが無料で使えるというような仕組みを図書館が作っていくということが、図書館の新しい仕事として出てくると思っています。アメリカでは、二〇〇〜三〇〇種類のデータベースを無料で利用できる図書館が珍しくありません。

それから、リンクといって、特定のホームページにとんでいけるような仕組みをインターネット上に作る。たとえば、東海村で放射線事故が起きたときに国民は必要な情報を手に入れたいと思っても、テレビと新聞の断片的な報道しかなかった。しかも自分でインターネットで調べても、なかなかぴったりのところに行き当たらない。そういうときに図書館員が図書館のインターネット上にリンクを張って、直接正確な情報を提供するサイトへとんでいける用意をしておく、それこそが図書館のインターネットだと思います。

自分の家のインターネットより図書館のインターネットのほうが数倍便利だと、そういうものを作っていくのが、これからの図書館です。そこで見たものについて裏づけをほしいと思ったら、本棚から本を見る。そこで触発されたら、またインターネットで検索して、さらに情報を手に入れる。また何か気づいたら、また本を見る。この行ったり来たりは図書館でしかできません。この条件を備えた図書館ができれば、情報サービスとしては最高のものになるだろうと思います。それも趣味の段階ではない。仕事で使える情報です。ひとつの会社を立ち上げることができるくらいの情報を提供できるようにする。

――浦安の年間予算

さすがの浦安もこのところ財政的に苦しくなってきていまして、緊縮財政になっています。市の一般会計の総額は四〇〇億から四五〇億円というところで、多かったころは、五〇〇億から六〇〇億円くらいでした。図書館費は人件費も含めて、市の一般会計の一・三%くらいです。一般的に一%あると質のよい図書館サービスができるといわれていますが、それよりは少し多くなっています。図書購入費は一億円から一億四〇〇〇万円くらいです。これは本を買う予算で、それ以外に視聴覚資料とか雑誌とかの費用がプラス二〇〇〇万円ほどあります。

第二章　組織され、地域に役立つ職員集団をめざして

1　はじめに

「専門職の重要性と専門職集団の育成について」というテーマをいただきました。専門職員集団の育成については浦安市立図書館でも重要な課題です。浦安でも専門職集団を十分に育成して事業を展開しているというわけでは決してありません。それをめざして努力している段階です。そこで、まず浦安の状況をお話し、例えば浦安のように専門職をある程度配置して、ある程度の予算がつけば浦安くらいの実績は、日本中のどこの自治体でもあげられるだろうということを話します。その後、どうして日本の公共図書館では専門職が育たないのか、専門職制度が導入されないのか、という問題について、普段感じていることを少し述べようと思います。

浦安市は約一七平方キロメートルの非常に小さな町です。その中のさらに狭い一二平方キロメートルに一二万人の市民が住んでいます。全国で一番市民の平均年齢が若いといわれています。もともとは小さな漁村だった町で、埋立てで四倍に拡がりました。もとの地域は、古い街並を残していますが、残りの四分の三は、まったく新しい都市計画のもとに街づくりが行なわれています。もとから住んでいた人と、新しく浦安に移り住んだ人たちの比率は、一対五から一対六ぐらい。圧倒的にいわゆる新住民といわれる人たちが多い。市長はじめ市のトップはほとんど昔からの町の出身で、新しい住民に対してどういう行政サービスを行なっていけばいいかということを考え、アメリカなどにも視察に行き、教育、福祉、医療など、先行的に投資していこうと考えたようです。

図書館については、一九五五年に基本計画が作られ、その中に複数の図書館を持つということ、コンピュータを導入していくということが記されております。また、専門職を導入していくという基本的な方針もそのころ決まったと思います。図書館といえるようなものがほとんどなかったために、新しい図書館像を追求することができたともいえるのではないでしょうか。

2　浦安市立図書館のサービスについて

利用のされ方

最も基本的なサービスである個人貸出については年間で約一三〇万点の貸出があります。この数字には、ＣＤやカセットも含まれます。本を借出した利用者の数が年間で約五〇万人です。浦安市の隣の市川市では長い間、実際に来館をした人数と本の貸出を受けた人数の統計をとっています。それによると、本を借りる人と同数くらいの人が「本の貸出」以外の目的で来館しています。その統計に従うと、来館者数は年間で延べ一〇〇万人近くなると考えています。人口一二万人ですから相当の数です。一年に一回でも本を借りたことがある人の比率は、人口の三五％くらいです。平成元年に浦安市社会教育課が市民の意識調査をしています。それによると、貸出も含めて何らかの理由で一年間に一回以上図書館に来館したことがある市民は、市民全体の五六・五％。新住民が住んでいる地域だけでは、六六・五％。全国平均の登録率は二〇％くらい、三〇％いけば成功だと言われていますので、確かに非常に高い数字です。

利用の多い理由は、まず、歩いて一〇分以内でどこかの図書館にたどりつけるような施設配置を行なっているということがあります。図書館から歩いて一〇分の範囲はだいたい五〇％くらいの人が登録すると以前からいわれています。そこで、市全体を歩いて一〇分でどこかの図書館にたどりつけるという環境にすれば、市全体の登録率が五〇％を超えるだろうということはわかっていたわけですが、なかなかそういう図書館の配置ができなかった。蔵書規模の問題もあります。小さな図書館では利用されません。浦安の分館は四～五万冊所蔵しています。理想をいえば六～七万冊の規模はほしいところです。もう一つの理由は予算です。昭和五七年度から平成八年度まで一億円以上の予算がついています。しかし、図書館の数と予算に関しては浦安と同程度の自治体は決して少なくない。ところが、浦安と同じくらいの利用率かというと、なかなかそこまではいかない。そうすると、残りの要素は何か。それは職員の問題ではないかと分析している研究者もいます。職員については開館以来専門職の採用を進めており、庶務係をのぞいてはほぼ一〇〇％司書が配置されています。

資料集めと提供

図書の収集については、商業出版の六〇％ほどを収集しています。「見計らい」といいまして、取次から直接毎週七〇〇冊から一〇〇〇冊程度（一日一〇〇～一五〇冊出版されているので一週間分はそれぐらいの数になる）運んでもらい、その中から選書します。その段階で出版物の八〇％を見本としてそろえてもらっています。さらに、浦安図書館で複数購入するであろう本に関しては、ある程度パターン化して、そのパターンに応じて最大七冊という複数の見本をあらかじめ配本してもらうような手はずを取っております。このことにより同じ本を見本の段階で必要な冊数を購入できるような体制をとっているわけです。例えば新潮社の文芸本などに関しては、品薄の状況になるような販売戦略をとっているようで、一度買い損なうと手に入らないことが多い。しかも、町の本屋さんや担当者に頼んでいてもそれが出てしまうので、そういうものについては出版社の営業の担当者に直接依頼して、浦安図書館分として七冊確保するということをしています。

また、浦安の場合は五大紙プラス日経新聞、地方紙一紙の新聞記事の切り抜きをしていますので、新しい雑誌の創刊のお知らせ、書評などをスクラップします。個人的な出版物、たとえばアトピーの子をもつ親たちが自分たちの子どものために、いろいろな調査をして本を作ったというような記事が小さく載ったりする。そういうのは一般の流通には絶対にのらない本です。どこかの自治体が自治体の予算で小さな本を作った、というような場合も非売品になることが多いです。そういう新聞記事の切り抜きを網羅的にして、その中からとり寄せるということもしております。

古本市のカタログから選んだり、洋書についてはアメリカで書評に載ったものが自動的に入ってくるシステムを利用したりして資料集めをしていますが、こういうものに関しても、一定の人数の専門職が確保されていなければなかなか難しいと思います。市役所との間で、頻繁に異動があるところでは、継続するのは難しいでしょう。

資料提供に関しては、大きな柱であるリクエストと資料相談の二つについてお話します。

リクエスト本の提供に関しましても開館当時に比べて、五倍ぐらい、六年度の統計でリクエストサービスは三万二〇〇〇件になっています。あまり増えてきたので、一回の受付は貸出冊数と同じ五枚という制限をもうけていますが、それでもリクエスト提供の総件数はこのくらいの数字にのぼってしまいます。日曜日などは一〇〇枚を超える受付件数になります。最近『みんなの図書館』や『図書館雑誌』で資料相談業務が問題になっていますが、浦安ではこれを公共図書館サービスの質を向上させるための突破口と考えて、専門のコーナーを設置して積極的に展開しています。

リクエストの受付はそのコーナーに全部集中するようにしています。一般的に図書館では、貸出や返却をする窓口でリクエストカードも受け取ることが多い。すると、職員は忙しいので利用者の要求を充分、聞き出すことができない。利用者は気をつかって「すみません」という感じになってしまう。さらに、忙しい時などは、受け付けられたリクエストカードは、処理されないままエプロンのポケットの中ということになる。図書館のサービスの質という面から考えると、どうやってその利用者が必要とする情報を早く正確に提供するかですから、リクエストは一番大切にしなければいけない。ところがそれはわかっていても、今まで十分できていなかった。利用者にとってもリクエストばかりではなく、本についての質問もなかなかできない。

そこで、浦安の場合は、貸出返却の業務とリクエスト対応・本（資料）に対する相談を分離して、質問を受け付けるコーナーを独立させました。質問も受けるし、リクエストカードも全部そこに集中して受け付けます。そしてその時に、細かいコミュニケーションをはかって、ほんとにほしい本は何なのかを聞き出して、いっしょに書架まで探しに行きます。そうすると、仕事が増えるんではないかと心配されるかもしれませんが、実はリクエストカードを受け取ったままにしておいたほうが、仕事の総体としては増えるのです。忙しいので受け取るだけでエプロンのポケットについ入れてしまう。日曜日は忙しい。そこで、火曜日の朝出てきてみると、ポケットに何枚も入っている。それから本を調べ始め、本を用意する。次に、電話する。浦安は共働きの家庭が多いから日中はなかなか連絡がつかない。留守番電話がある場合はまだいいですが、ないと夜残って連絡する。連絡がついた本をリクエストの貸出待ちの棚に置く。浦安は一週間しか取り置きをしないので、利用者

中央図書館　本の案内カウンター　2003年２月

中央図書館　児童室　1998年２月

がその範囲で来ればいいのですが、来ないとなれば、また再連絡をしなければならない。そして利用者が来て、その本を渡すというように、仕事が何倍にもなります。

浦安の場合は、リクエストの「即時処理」という方針があります。「リクエストを受けた時点で処理をする」。これは開館以来ずっとがんばってきたのですが、利用が増えてなかなかできなくなってきた。リクエストカードを受け取った時点で集中的に処理することにより、利用者に本を渡してしまえればそれでもう完結する。事務量はそれ以上増えない。それから利用者も本がその場で手に入るので喜ぶ。公共図書館のレファレンスサービスは、ちょっとコミュニケーションをはかって「こういう本ですか」と言って渡す「クイック」（短い時間）に解決がつくレファレンス（クイック・レファレンスと呼ぶ研究者もいます）が多いのです。そのレベルのことをこの「本の案内コーナー」でやってしまおうということなんです。そして、五、六分たっても解決のつかないようなことがらについては、レファレンス室に行ってそこでゆっくり専門のレファレンス担当がお話を聞きましょう、ということにしています。そのため、レファレンス件数も当然、増加しています。

現在の日本の公共図書館では、一般奉仕、児童奉仕、レファレンスがだいたい三本柱と言われていると思います。しかし、このサービスの分け方はちょっと問題があるのではないか。イギリスでは参考図書、いわゆる辞書・事典が非常に完備していて、そういうもので相当のレファレンス・サービスができる。アメリカは雑誌に載った論文・記事の追求をするためのツール・道具（雑誌記事索引）がたくさんあって、そういうものでレファレンスできる。ところが、日本は両方とも弱い。

そこで日本では何かの調査の依頼があると、結局レファレンス室を出て一般書の書架に行って利用者と一緒に探すということが多い。日本の研究者は、自分の論文がある程度たまると一冊の本にまとめるという傾向が強いのです。すると結局単行本が頼りになります。一般書架に並んでいる単行本でレファレンスせざるをえないわけです。とすれば、一般奉仕、いわゆる成人対象の資料提供サービスとレファレンス・サービスを分ける理由がどこにあるのだろうかということになります。

そこで浦安の場合は、一般奉仕とレファレンスを統合するということを進めております。図書館の組織とは規模の小さな図書館のときには係に分かれていなくて、全員で児童も一般もレファレンスも障害者もごちゃまぜにやってしまうんですが、規模が大きくなってくると児童サービスが分離してくる、専門化してくる、レファレンスが分化する、障害者が分化する。だんだん専門的な係やセクションがそのごちゃごちゃのところから独立していきます。そして最後に残ったものが一般奉仕と呼ばれているようなところがあります。役所から移動してきた庶務の人でもできる、アルバイトの人でもできるのです。

私は図書館の現場に入る前は、一般奉仕が図書館の中でいちばん輝かしい中心のサービスだと思っていました。税金を払ってくれる大人の人に対するサービスなんだから、きっと大変なサービスなんだろう、と。しかし、現場に入ってみたら、何のことはない。本の貸出の作業とリクエストカードの受付と登録申し込みの受付だけが一般奉仕だった。ショックを受けました。そういうものかと思って何年か働いていたのですけれども、レファレンスの業務についてから、これはどうもおかしいと考えるようになりました。本の提供に関しても一般奉仕を見直そうと、一般奉仕の復権運動をすすめながら、レファレンスと一般奉仕の統合をはかっています。資料集めと資料の提供も以上のような視点で行なっています。

サービスのターゲットは成人

児童サービスについては浦安のこれまでの伝統を守って、大切にしています。貸出の比率では、一対四くらいで、一般書の貸出のほうが圧倒的に多い。これも一般奉仕の復権が必要だと感じているひとつの点です。利用の状況から見ても、サービスにかかわる人員や予算についても、ターゲットを成人におかざるをえないのです。二、三年前に開館から「一〇年目の見直し」をして、利用者用の貸出バッグから各種サインなど、それからサービスそのものから組織のあり方まですべてにわたって見直しを行ないました。その結果においても、やはりターゲットの中心は成人にしなければいけないと認識され、一般奉仕とレファレンスの統合や「資料相談サービス」が具体的な方策として出てきたわけです。

アウトリーチ・サービス

公共図書館のサービスにかかわるセクションの分け方としては、児童、レファレンスなどという分け方がありました。そのほかに、図書館の建物の内部でやるサービスと出かけていくサービスという分け方もあります。移動図書館や団体貸出を行なうセクションを館外奉仕と呼ぶ図書館も多い。しかし、単に図書館の内で行なうから館内奉仕、外で実施するから館外奉仕では、純粋に内でしかやらない、または外でしかやらないというサービスはないわけで、児童サービスの読み聞かせやブックトークはもちろん、選書や資料提供においても、同一の担当者が行なったほうが効果的であり、また、セクショナリズムの発生を防げるのではないかと考えました。図書館に直接来館できないだけで、利用者としては同じはずですから。

そこで、児童サービスや障害者サービスなどはもちろん、各サービスの中で必要に応じて外へ出かけていくこととし、図書館外でのサービスだけをまとめることはやめました。話は少しずれますが、資料の形態、媒体（メディア）についても雑誌担当、視聴覚担当として資料別の担当制をとる図書館が多いと思います。浦安も同様な組織でしたが、知識や情報を提供するという図書館のもっとも重要な機能を果たすためには、同一のテーマ・分野の図書と雑誌とビデオ・CDなどを一緒に提供した方が効果的なことが少なくないでしょう。たとえば、映画やスポーツなどの分野について、図書と雑誌とビデオが同じ書架に並んでいたらどうでしょうか。一部の図書と雑誌の混配はすでに始めています。つまり、資料の形態や媒体別にサービス部門を設けるのではなく、利用者のちがいを基本においたサービス部門をまず設定して、その部門が必要に応じて各種の資料を収集していく方向で、サービスと組織の再編成を図っているところです。もっとも、以上のことは、各自治体の図書館の事情や図書館のおかれている状況によって、必ずしも有効であるとは限らないと思います。

アウトリーチ・サービスについて考えてみます。児童サービスにおいては、幼稚園、保育園、小学校へ職員が出かけて読み聞かせやブックトークを行なっています。ブックトークについては六七件で二四五一人。読み聞かせは三三六件九八〇〇人の子どもに対してサービスをしています。講師派遣というのは職員がたとえば保育園に出かけていって、保母さんたちに「絵本の選び方」というようなお話をしています。

障害者サービスにおけるアウトリーチ・サービスとしては、平成八年度は病院サービスがあります。これはまだ日本の公共図書館ではほとんど行なわれていないサービスです。四〇〇床程度の公立病院において入院している患者さんのベッドサイドを、三〇〇冊くらいの本と若干のカセットテープをつんだブックトラック二台を使って、約一時間四フロアを巡回するサービスを行なっています。

宅配については、平成六年度の合計は二八九回、貸出資料の数は約二〇〇〇点です。送迎サービスというのは、対面朗読や講演会、映画会などの時に、ひとりで図書館に来られない人の送り迎えを職員がするというサービスです。

病院サービスは、単に入院されている人の暇つぶしということではなくて、最終的には治療効果をあげるというところまでもっていきたいと考えています。早く自分がよくなって社会復帰したい、という積極的な精神状態になると免疫力が高まって、病気にうちかつ力も強くなってくるといわれていることから、そういうことに役立つような資料提供をしたいと考えています。

山の写真集をブックトラックでもって巡回していた時に、その写真集を借りた人が「自分は山登りが好きだった。写真を見て、また山に登りたくなった。早く治ってまた山に登りたい」と言われたことがありました。病院という特殊な環境でベッドに寝ていると、精神的に非常に消極的になってしまう、というようなことがあります。そこでメンタルな面でのサポートが必要となるわけです。とくに長期入院している子どもたちへのサポートは重要だと思います。ただお願いに行って、実際に導入を許可していただくまでに一年以上かかりました。事務局がＯＫしてもお医者さんのＯＫが下りない。お医者さんを説得してお医者さんがＯＫしても今度は婦長さんの許可がなかなか下りない。婦長さんがＯＫしても現場の看護婦さんがＯＫしてくれない。しかも、それが、内科、外科、産婦人科といろいろあるわけですから、一年以上かかりました。こういうことを粘り強くやっていくのは専門職がある程度以上いないと、なかなか難しいのでは、と思いました。現在も残念ながら小児科については、プレイルームに団体貸出で二〇〇〇冊程度の本を置いているだけです。図書館側としては長期入院の子どもたちに対して、読み聞かせ・ブックトークのようなことを積極的にやりたいということで折衝を続けているところです（平成八年三月から実施）。

浦安図書館では、サービスの種類については、図書館学で公共図書館でこういうサービスがある、と言われているサービスはほとんど実施しています。「図書館サービスの展覧会」と言われたりもしています。一つ一つのサービスについては、浦安よりレベルの高いサービスをしている図書館はたくさんあるでしょうが、さまざまなサービスをしてそこそこの成果をあげている、ということについいては、まあ珍しい部類かと考えております。

これまで、サービスに関する考え方、組織についての考え方などが、従来の公共図書館と少し異なるかもしれないというお話をしました。そうなった理由は、専門職が高い比率で配置され、十数年間異動もなく継続的に業務に取り組めたためだろうと考えます。

3　職員の態勢

専門職の採用

一中央図書館四分館の図書館システムを、館長・副館長を含めて、四四名の職員で維持しています。そのうち司書が四〇名九〇%くらいになります。ただささきほども話したように、その四名のうちほとんどは庶務係で、専門的な部分についてはほぼ一〇〇%司書の配置ができています。五、六年前から職員採用の際にも司書の採用枠というのを別に設けて、一般行政の職員の採用がない年でも専門職の司書の採用をして、だいたい毎年何人かずつ採用しています。

司書の配属率については、全国平均は約五〇%ですが、実は大都市近郊の図書館についてはもっと低いことが多いのです。特に東京については、たとえば東京の多摩地区の自治体については全国の図書館を牽引していくような地域でしたから、非常にレベルの高い自治体がいくつかありましたが、そういうところを除いては司書率が低い。二三区にいたってはだいたい二〇%くらい。中央図書館に一人も司書がいないという区もありました。それでは全国平均の五〇%はといいますと、その五〇%の司書がずっと継続して働いているのではなくて、四、五年で役所のほうへ異動になる。そのかわり、また資格のある職員が現場に来る、というようなことです。ですから、継続的に図書館のサービスの蓄積を図るのはなかなか難しい状況です。浦安の例は極度に少ない例です。都道府県図書館の場合は専門職性をとっている場合がまだあります。ただ、これについても近年徐々にくずれてきており、都道府県立図書館でも無資格の職員がだんだん増えています。

職制上の組織・業務グループ・蔵書構成グループ

働いた経験のある方ならよくおわかりになると思いますが、Aさんという人が奉仕係に配属されたとします。その係の中で児童サービス担当に配属されたとしたら児童サービスの仕事だけをするというふうになります。そういう図書館が普通です。浦安はそこがちょっと違っていまして、さらに業務グループと蔵書構成グループという二つのグループに必ず所属しなければならない。この業務グループは、まずひとつはカウンターに入るためのグループです。たとえば児童室のカウンターについては、中央図書館の児童担当は今四人しかいません。四人だけでカウンターを維持するというのはアウトリーチ・サービスのローテーションがあったりして難しい。そこで、児童奉仕グループというグループが組織されて、そこには十数人入っており、児童サービスの研修の時にはこの職員は必ず研修を受けなければならない。業務と研修が一体になっているわけです。正式な児童担当は四人だけれども、児童カウンターとか児童サービスを維持するための要員がそれ以外に何人かいるわけです。

同じように障害者グループ、レファレンス・グループ、分館のグループ、雑誌のグループとか、そういうものがいくつか組織されていて、職員は自分の所属している仕事以外にこの業務グループに少なくとも一つか二つは入っている。たとえば児童サービスの自分の本来所属している仕事が終わると、自分が属している障害者グループの仕事をしなければならない。ほとんどの職員はいくつかの仕事をオーバーラップして持っています。そして、各業務については実質的には、業務グループが責任を持つことになっています。

業務グループ編成の経過は、以下の通りです。浦安図書館が開館したころは職員の数も少なかったし、みんな少しずつ助けあって業務を展開しないと維持できなかった。ですから当然のことながら、いろいろな仕事を兼務していました。普通は職員が増えてきて組織がはっきり分かれてくると、そういう兼務をやめて自分の持ち分の仕事だけをやるようになります。ところが、私は浦安に来る前にいくつかの図書館で働いた経験がありましたが、そこでどうも図書館運営がうまくいかない、という事例にぶつかったことがあります。その大きな原因のひとつがセクショナリズムです。セクショナリズムというのは、自分の範囲のことだけを考えて他の担当のことは知らないよ、ということです。これが図書館を運営していく中で非常に大きな問題となっているという印象を受けました。そのセクショナリズムを発生しないようにしていく方法はないか。この「兼務」というのがひとつの解決策としてあるのではないかと考えて、積極的に見直したわけです。縦の業務の割当て以外に業務グループという横の関係で仕事を組み立てていこう。これで効果があがっているんではないかな、と思います。

図書館の仕事というのはいろいろな担当分野が重なっていることが多いのです。そのいろいろな重なりの中でスムーズに連絡が行なわれていかないと、サービスにどうしても影響が出てくる。それから、市立図書館の場合は、少ない人員で異動も考えなければいけませんので、ある程度は図書館全体のことをみんながわかっていなければいけないので、スペシャリストを育てていくこととジェネラリストを育てていくという両面作戦を展開しなければならないのです。そこをなんとか乗り越えていくひとつの方法ではないかと考えています。

もうひとつの蔵書構成グループは何か。業務グループについては仕事に関してのグループでしたが、蔵書構成グループは資料に責任をもつグループです。庶務の職員も含めて全職員を八つのグループに分けています。八つのグループというのは、例えば文学とか社会科学とか自然科学とか芸術とかそういう形で八つのグループに分けています。ただNDC通りではありません。この蔵書構成グループは、本を選ぶ時、本棚から間引く時、それから本を捨てる時、全部にわたってその分野については責任を持つグループです。これにも全職員が所属しています。

蔵書構成グループは、最低限三年くらいは同じグループに所属するということになっています。そうしないと、その分野の資料についての知識の蓄積はできない。そのグループの職員に聞けば、例えば社会科学の本についてはだいたいどういう状況にあるのかわからなければ困るわけです。中央図書館の資料だけでなく、全館の資料について責任を持つ体制にしたいと考えています。それは一年や二年では無理です。ですから一定の専門職が配置されるという前提でなければ、こういう組織は維持できないと思います。

ただ、蔵書構成グループを組織したおかげで、資料に対しての専門性というものが（ここ三年くらい前に始めたのですが）はっきりと出てきています。たとえば、八時半に出勤してきて一〇時の開館まで一時間半の間、全員で書架の整理をします。中央図書館の場合は今五〇万冊近い本がありますが、それを三五人の職員で朝、整理します。これまでは「今日はどこをやろうか……」という形になってしまい、なかなか効果があがらなかった。あまり膨大なものを前にすると人間というのは機能的に動けなくなってしまうのですね。そこで、全体の書架整理の後は自分の担当分野の書架整理をすることにしました。そうすると毎日自分がやる書架、自分たちの担当書架ははっきりしますから、非常に機能的に書架整理が進んでゆくようになりました。書架の整理についての責任の所在が明確になったといえると思います。

書架整理をしながら、利用の減ってきたような本は間引いていく。だいたい一週間に一〇〇〇冊新しい本が入ってきますと、その新しい本を本棚に入れるためには一〇〇〇冊間引かないと入らないですから、間引きの作業というのは日常的に行なわなければならないのです。自分の選んだ本が新しく入ってきて、その自分の選んだ本を入れるためにはどの本を間引くかということがその蔵書構成グループにまかされています。そのため、資料と職員の関係は非常に濃厚になってくる。そして、その作業の中で次に何を買うかということを常に意識せざるをえなくなってくる。

　また、先に述べた本の案内コーナーでも、利用者からの質問を毎日毎日、だいたい年間二万人くらいの人がそのコーナーを利用します。利用者から聞かれて未所蔵だった本については「記録ノート」に書いて、それを蔵書構成グループのメンバーが目を通すことになっています。朝の書架整理をやりながら足りないものは何かと、考えながら、この本の案内コーナーで利用者から寄せられた意見を反映させて、本の選書のほうにも反映させていく、……そういうことが可能になっています。資料についての専門性の向上と、利用者からの要求をよりきめ細かく受けとめる体制がある程度できつつあると思っています。これも、一定の人数の専門職が継続的に配置されなければ不可能でしょう。

4　研修と方針の決め方

　初代館長が常々言っていたことですが、専門職が専門職であり続けるためには研修というものが欠かせません。ところが、これが日本の図書館の決定的に弱いところです。少ない人数しか配属されていませんから、目の前の仕事が忙しくて、なかなか研修の時間がとれないのです。「研修がないところに専門職はない」と思いますが……。

浦安の場合は、最初から水曜日の午前中は分館を休館にして、全員が中央館に集まるという体制をとっています。今でも水曜日の午前中は全職員が中央館に集まって各研修をやります。しかしそれだけでは今や足りなくなってきて、何とか時間を都合してほかの曜日に時間をもうけています。全員参加の研修というのはなかなか困難で、年に一回か二回やるのがせいぜいです。それ以外は各業務別に、児童の場合は児童サービスそのものについての研修、それからお話会の研修、ブックトークの研修の三つがあります。本の案内、レファレンス、障害者、雑誌、一般奉仕と、全部集めると一〇ぐらいの研修になります。それぞれ月に一回くらい、研修の時間を何とか確保しています。それ以外に蔵書構成グループの八つのグループも最低月一回の研修をもうけています。

この研修の内容は、お話の研修、ブックトークの研修です。これはまったく実務の研修なので、お互いに練習してきたものを同僚の前で披露して、それを評価しあうというなかなか厳しい研修になります。電算グループの研修の場合には、そういう業務サービスというよりは、実際にどうやって電算を維持していくかというような、事務連絡のようなものが主になる場合もある。いろいろ段階がありますが、ともかく各グループ別の研修の時間は必死に確保をする、という形をとっています。この中で専門職として訓練をしていくことになります。

有名な調布図書館（おそらく児童サービスでは全国有数のレベルにある図書館）では、午前中児童室を閉めて研修をやっている。そういう方法に比べるとまだまだですが、ともかく研修の時間を維持する。そして、同じメンバーで長時間その研修を続けていくことによってその質を高めていくということがどうしても必要だと思います。

専門職を採用して研修を重ねて、サービスの質を向上させていく、それだけでいいかというと、そうはいかない。図書館として方針を決定していくという場面が出てきます。それこそが専門職が専門性を発揮する場面です。図書館をどう運営していって、どういう方向に発展させていくか、という判断をしなければならない場面は案外たくさんあります。たとえば図書館をもう一館建てなければならない。どこに建てるべきなのか、利用調査をしてどのくらいの規模にしていくのかというようなことです。また、たとえばあるサービスの利用が落ちている。それをやめて、もっと伸びているサービスに当てるべきなのか。そのような事態が図書館の現場で続々と毎日のように起きている。実はそれを迅速に判断していくのが専門職が専門性を発揮するポイントです。また、その自治体の図書館システムとサービスを将来どうするかというような長期計画を専門職として作成するというようなことに関しても、昨日まで市民課に座っていた人が異動になってきて、という職員が多い図書館では、専門家としての判断をだしづらいのです。

一般行政は、法律、条例、規則、規準などたくさんあって、各自治体での自由度は多くない反面、法規に従う限り現場で判断に迷うことはありません。市役所の職員はいつもマニュアルとか規則を見ています。それで解決のつくものも多い。ところが図書館に関しては、公的なものとしては図書館法と文部省が出した「公立図書館の設置及び運営上の望ましい基準」があるだけです。もちろん日本図書館協会が作ったガイドラインや、県単位での図書館同士の申し合わせ事項などはありますが、ほとんどはその自治体にまかされている。しかも大部分は現場にまかされている。こんなに忙しいのは、判断しなくてはならないことが大変多いからです。図書館の現場で毎日その判断を迫られるというのが図書館行政です。したがって判断を早く的確に行なうためのシステムが必要です。

浦安市立図書館では、運営検討委員会と係長会議を置いています。運営検討委員会は、主に業務グループのチーフと蔵書構成グループのチーフにより組織され、純粋に専門職としての判断を行ないます。係長会議は、主に係長により組織され、図書館長も加わって、行政機関としての最終的判断を行ないます。各係のレベルで判断のつかないものは、速やかにこの二つの会議にかけられることになっています。

5　なぜ専門職集団が必要か

図書館の資質について、ライブラリアン・シップについては、以前に元図書館情報大学の竹内悊先生が大変多くの資料と経験と知識をもって話されています。先生の言われるとおりだと感じています。ここでは私は現場で感じていることについてお話したいと思います。

なぜ「専門職集団」が必要か。なぜ「専門職」が必要かと言わないところに注目していただきたい。専門職集団が必要か。結論から言うと一人や二人の優秀な専門職がいてもだめです。私は浦安に勤める前、東京二三区の五つの自治体の六つの図書館で半年から一年ずつ働いて、二年半転々とした経験があります。その頃は〝図書館無宿〟などと言ってました。インターンのようなことを運よくさせてもらったんだなと思っています。そこで感じたことですが、どこの図書館でも優秀で一生懸命になっている職員はいます。それは有資格無資格を問わずですが、一人や二人ではどうしようもないのです。浦安でやってることをお話しましたが、これは専門職がある程度いるからできるのです。一人や二人では無理です。たとえば、これは、というような本を買うために新聞の切り抜きをすると言いましたが、行政関係の記事の切り抜きをもし一人でやるとすると、一日かかります。どうしても集団が必要になってきます。

利用者は感じる

なぜ集団が必要なのか。やはり利用者は感じる、これが一番の理由です。みなさんもおそらく図書館に行って感じられると思います。図書館好きな方は旅行先の図書館へ行くことがあるでしょう。私も旅行するたびにその町の図書館へ行くことにしています。一歩入った時に感じませんか。いい感じのレストランやお店は、一歩足を踏み入れたとたんに感じませんか。その逆もだいたいすぐわかりますよね。サービスの良くない図書館はすぐわかります。これはそこの職員を責めてもしかたのない話です。そこの図書館の職員をどうこう言うつもりはない。行政全体の問題だととらえたい。

昨日まで市民課にいた、あるいは昨日まで税金課にいた人が異動で四月にいきなり図書館に来ます。そこに立たされる職員も気の毒です。いきなり、「アメリカの銀行の自由化について書いている本ありますか」なんて聞かれるのですから。自信がない。先ほどお話しました全国平均で五〇%、二人に一人がそういう状況で配属されている可能性が高い。そして、図書館の仕事を本当に理解して、力を発揮する前に異動してしまう。私は一応専門職という生意気な気持ちを抱いていましたが、それでもやっぱり、レファレンス室に最初座った時は怖かったです。そういう怖さがあるために表情が固くなります。「なるべく来ないでほしい」と目をそらします。それは利用者側から見れば「なんて冷たいんだろう」と感じます。その一点だけでも専門職集団は必要だと思います。

市民からすると図書館のカウンターに座ってる人は本の専門家だろうと普通は思います。「専門家とは何か」について図書館学を専門とする大学の教授が言っていましたが、「人のできないことをするのが専門家」「人のできることをやったって別に専門家じゃない」。これにつきます。しかし、もう一つ問題があります。それは専門性を持っている職員がいても、その専門性を発揮して、外部の人に明確に提示するようなシステムになっていなかったのではないか。たとえば貸出・返却も本当は専門性がある。なんにも意識しないで、本が物理的な紙が重なっている、紙の集合体だと考えて、それをポンと貸出しているような人と、文化的な価値をちゃんと意識をして貸出しているような人とでは違うのです。ただ、その専門性を発揮するようになっていない。カウンター自体、忙しくて、アルバイトの人がやったって、専門職の人がやったってかわりないじゃないかというふうになっていってしまう。専門職が自ら自分の能力を発揮するような仕事の段どりをしてこれなかったのではないか。また、行政当局に対して、あるいは市民に対して「専門性とはこういうものですよ」とはっきりPRしてこなかった。この二点が図書館側としても反省しなければならないのではないか。限られた厳しい状況だということは確かにありますが、その中でも、もう少しなんとか専門性をアピールする方法はあったのではないかというのが、今、図書館員の中で意識されはじめている点です。なぜかと言うと、状況がひどいから、と言い訳をしている限り、どんどん後退せざるをえない。状況がどんなにひどくても、その中で示せる専門性はやっぱりその時点で示していかないと、自分たちの専門性はどんどん後退させられていってしまうでしょう。

サービスの質と量

サービスの質と量というのは、同じ一〇人だったら専門職集団のほうがサービスの質も高くなるし量もこなせるということです。たとえば、慣れた図書館員が何人もいるところでは書架整理だって早いのです。もちろん質の部分については言うまでもない。それはどういうことかというと、税金の節約です。こういう視点が一般行政にも図書館側にもあまりない。「専門家を雇うと税金の節約になります」ということをもっと言わなければならなかった。東京二三区は、専門職の配置率は高くないが、全国の状況と比べると職員の人数はめぐまれた地域です。貸出が年間五万冊から一〇万冊くらいの図書館に、一〇人とか一五人とか職員がいるところがあります。浦安で貸出が一番多い美浜分館は、一年間に一七万六〇〇〇冊近く貸していますが、正職員二人と臨時職員一人の計三人です。しかも、この美浜分館の職員は、ブックトークも宅配も行なっていますし、相当数のリクエストをこなしています。同じ人数を確保できるのであれば専門職を採用したほうが、コスト対効果は絶対にメリットがあります。

自主的、主体的な業務展開

意欲的な専門職を配置すれば、係長や館長がなにも言わなくても、自分でどんどん業務を展開していきます。浦安の場合、たとえば障害者サービスや児童サービスなどは、職員が改革してサービスを展開しています。仕事に熟練するのと同時に、仕事の段どりを自分で改革していって、去年は一時間かかっていたものを三〇分でできるようにして、残った三〇分で今までできていなかったことをする。そういうことが可能になるのです。予算と人手のかけ方も、市民の要求に応じた分け方にしていかなければなりません。専門職館長、専門職の係長が専門職の目から見て、図書館のサービス全体はこうあるべきだろうと示す展望と各担当の専門職員との間に緊張感が生まれて、緊張関係の中でサービスがより高度になっていく、なれあいでなく、いい意味での緊張関係がもてると思います。

長期的視野にもとづいた計画

長期的視野に立つ計画は図書館にとってとても大切ですが、これも専門職が退職するまで図書館にいられる、という安心感があればこそつくることができる。また、今はできないけれども、本来児童サービスってこうあるべきじゃないかな、という漠然とした長期のイメージを持てる精神的余裕、それが重要だと思います。あと一年か二年で異動になる、その後図書館に帰ってこられるかどうかわからない、という精神状態と、一〇年二〇年ここにいるんだという安心感のもとでいだく長期的なイメージ。この差が結局長い間で大きな差になってくるにちがいありません。

図書館界、出版、流通、著作権など、権利関係に関する知識

これはもうあたりまえのことで、専門の図書館員だったら常識的に持っているものがたくさんあります。あるとないとでは図書館サービスの利用者と接するところで、微妙に差が出てくる。たとえば、「急いで読みたい」とリクエストされた際に、その本が刊行された時期を確かめて、近くの書店に走るか、版元から直送してもらうか、取次の店売や流通センターへ直接出かけるか、他の図書館から取寄せるか、判断して最短の時間で提供できる図書館は、利用者からの信頼度が全然違います。流通の仕組みについても、手に入りにくい本をどうやったら手に入れられるのか、知識がある図書館員がいるのかいないのか、権利関係・著作権について、どういう問題があってどうしなきゃならないか、ちゃんとわかってる図書館員がいるかいない、そういうところに差ができてくるでしょう。

ビデオの上映について、ある図書館にビデオ協会から苦情が入り、裁判沙汰にするという手紙が届いたという話があります。このこと自体については、いろいろ反省すべき点が図書館側にもあっ

たのかもしれないかなと思います。が、基本的に今、ビデオ関係は貸出が伸びるので、視聴覚関係にすごく力を入れている図書館が増えてきています。そういうところに苦情が行って「あ、知らなかった」ということになって急いで店をたたんでしまう図書館がないとは限らない。その時に確かに著作権法上の争点はあるけれども現行法規上、問題はなく、また権利者団体と図書館という構図で争うのではなくて、図書館は、市民の知る権利を守るために、市民の意見を代弁して権利者との間の権利関係を調整しようとしている。そういうことがわかってない図書館だと一方的にあわてて店じまいしてしまう。したがってきちっとした専門職集団の組織化が必要になるのだと考えています。

他の行政部局への影響

浦安の場合、予算要求する場合、専門職館長、専門職の副館長と専門職の係長五人がずらっとそろって、財政当局とやりあうわけです。そのために、毎年たくさんの資料を作っていきます。これだけの利用がある。人口五〇万、六〇万の自治体と同じくらいの貸出をしている。障害者サービスのほうもこれだけ目の見えない人がいて、これだけ本をテープ化してくれと言ってる。録音テープをするためのボランティアに支払う謝礼はこのくらいいるから、このくらいの予算がほしいなどというように、具体的に一つ一つつめていくわけです。九時から始まって、四時か五時まで一日かけて財政当局とやりあいます。録音テープの作成の朗読の謝礼金は、いつも問題になり、「目の見えない人からどんどん要求が出てきたら、どこまでいくんだ」とか、財政が言ってきます。目の見える人は普通に本棚から取って自由に読めるが、目の見えない人はそれができないから、知る権利を守るために録音テープ化するわけです。そこで、最初は権利だとか何だとか言ってますけれども、しょうがなくなったら、「やあ、あのー、財政課長、そうは言うけれども目の見えないおじいさんが、これが楽しみだと泣いて喜ぶんだからそれを削れないじゃないですか……」って泣き落としをやったり。そこである年の財政課長さんがぽろっと言ったんですけど、「図書館ってのはおもしろいところだな」と。

役所というところは短ければ三年長くても五、六年で異動します。だからそのセクションにそのくらいの期間しかいない。ですから、一所懸命になるなり方が違うのではないかと思います。来年異動することがわかりきっているそのセクションの予算要求をどのくらい一所懸命やるか。自分は来年財政のほうへ行って立場が逆転するかもしれない。それに比べて、専門職として長期間勤務することが決まっている職員では気合いの入れ方が違うのではないかと思います。

以上のことは、一つ一つは、それほど大きな問題ではないと感じられるかもしれませんが、複雑にからみあい、積み重なると結果として、大きな差となって表れるものです。

6　なぜ専門職制がしかれにくいか

スペシャリストとゼネラリスト

専門職制がなぜしかれにくいか。結論から言うと、日本の風土の中では専門職というのを置くのが難しいのかもしれない。日本の国民というのは、非常に均一です。知的レベルなどもアメリカにしろヨーロッパにしろ、階級（層）社会ですから、図書館長という管理職、ライブラリアンという専門職、それから事務職、パートというふうに、図書館の中で階級がたとえ生じたとしても、それは社会の階級がそのまま反映されているので、あまり問題にならない。ところが日本の場合には、階級というようなものはほとんどないですから「なんであいつが専門職なんだ。俺だってできることじゃないか」というようになってしまう。

もう一つは、役所の機構上、人事異動をスムーズにやることが至上命令になっていて、そこに専門職を置くと人事異動が難しくなってくるといわれます。いろいろな部署を担当させて、その中でゼネラリストとして優秀な人材を選抜していくという方針です。移動が頻繁であるために、今の日本の市役所というのは巨大な素人集団化しているのではないかと思えるときがあります。もちろん専門職が配属されているセクションもあるのですべてがそうだとは言えないのですが、おおかたのところは巨大な素人集団ではないか。市役所のどんなセクションでもおおむね三、四年でぐるぐる移動しているのですから、専門職は育ちようがない。明治の頃は優秀な人は皆、役人になった時代だった。そして社会が単純だった。ところが今はそうではない。優秀な人は民間に行ったりします。社会は比べものにならないほど複雑になっている。しかも、三〜四年で異動では「住専」や「薬害エイズ」の問題がおきるのも当然で現場で専門職が育っていないからだという人もいます。専門職が配置されないということは図書館だけの問題ではありません。日本の行政が構造的に持っている問題です。

アメリカの図書館は一般行政から完全に独立している

私たちはなんとなく世界中の国の行政機関が日本と同じだと思っています。市役所の下に教育委員会があって、教育委員会の下に図書館があると思いがちです。ところがアメリカなどでは、図書館は完全に行政から独立して、たとえば市役所と図書館が裁判を起こすぐらい独立しています。

図書館の運営委員会というものがあって、その図書館を運営する委員は、公選で決まる場合もあります。市議会議員と同じように、図書館の運営委員が市民の公選で決まる。その運営委員が館長、副館長の人事権を持っている。一般職員の人事権は館長、副館長が持つ。図書館の運営について、市役所は一切手を出さない。市役所は税金を集めて図書館に渡すだけです。その税金は、目的税ですから図書館の税金はいくらいくらというふうに決まっている。そこで、図書館や運営委員会が、もっと予算がほしいと考えると、市民に対して「図書館の予算を上げたい。それについてみなさんの図書館税を上げさせてください」と提案します。国政選挙のときに住民がＯＫの投票をすれば、その次からは図書館税だけが上がる。だからいい図書館運営ができる可能性がある。それで全部解決するとは思いません。しかし、今の日本の状況に比べれば専門職を導入しやすいし、独自の予算を取りやすいし、人事をやりやすいということは言えます。究極のボランティア活動というのは、住民が行政能力を持って、自分たちの本当の代表の市議会議員を出して、行政の仕組みを変えていく、そういう活動こそ、ボランティア活動だと思います。

専門性にかかわる問題なので、ボランティアについてもうひとつ、ぜひお話したいのです。たとえば専門職のいない図書館がある。そして住民から見て全然どうしようもない図書館活動をしている。そこでボランティアが頑張って、もっといい図書館にしよう。という図式があります。少しおかしくありませんか。

一九九五年、埼玉で全国婦人ボランティアの全国集会が開催されたとき、そこに出席して、浦安はボランティアをいろいろ使ってるから話をしろ、ということでお話しました。何人かの行政の職員が出ていて「ボランティアの方は、本当に頑張っていらっしゃる。優秀です。どんどんボランティアを導入してわれわれも活性化をはかりたい」みなそう言うのです。愕然としました。私ひとりだけ「とんでもない」と発言しました。行政の責任をまず果たさなければならない。そのうえでボランティアの人にやってもらうということも考えるべきだろうと言いました。市民が税金を払って、そのうえ役人が働かないから私たち市民がその分働きましょう、では、税金の二重払いです。そして、ボランティアの人にもちょっと問題があると思ったのは自分たちの「生きがい」を第一においていることです。たとえば図書館を例にとると、図書館の利用者の利益は二の次。自分たちの生きがいが第一。これは困ります。われわれ専門職は、利用者の利益が第一、自分たちの「生きがい」は二の次です。

比較のために、アメリカの状況を大胆に間違いを怖れずに言いますと、砂漠の真ん中に街を作るとき、まず教会を作って病院を作って、市役所を作って、まあ図書館も作ったかもしれないですね。全部そこの住民が、たまたま移民かなにかで集まってきた人々が、街を作りはじめたとします。それこそ、全部ボランティアでしょう、会計から何から何まで。おそらく保安官も自分たちの中から「お前、ちょっと鉄砲打つのうまいから、バッジつけて保安官やれ」っというように全部ボランティアでコミュニティを作っていったと思います。ボランティアが基盤にあるわけです。ところがある段階までいくと素人ではどうしようもない段階になります。たとえば図書館をボランティアで始めた。ところが本の選び方がわからない。本の買い方もわからない。貸出方式ももうちょっとうまくできないか。そこでお金を出し合って専門家を雇う。「専門家ちょっと来い」と。「ここまではわれわれでできた。そこから先の専門的なことは俺たちが金払うから、その分専門的な仕事をしてくれ」と。先ほどお話したように、人のできないことをするのが専門家ですから、人のできないところをお金払うからお前たちやれよと、この関係です。だから、ボランティアにできない専門的なところを専門的な行政マンがやる、とはっきりしてますから、行政サービスとボランティアの活動の間に、きっかり線が引けるのでしょう。

ところが、日本の場合は、最初からお上があって年貢を納めるという形で税金を取っていたわけですから、年貢に対応する専門性を発揮してきたかどうかというのは別問題です。江戸時代はもちろん明治時代もどうでしょうか。それが戦後の民主主義になって、いわゆる行政と納税者という関係が導入されたけれども、まだ、年貢を取るという体質から完全には抜け出てないのかもしれません。そこに今度はボランティアの生きがいという構造が出てきてますから、二重にねじれた構造になっていると思うのです。そのうえ、図書館の場合は専門性が確立されていないので、さらにそのねじれた現象がひどくなっていて、先ほどお話ししましたように、知的レベルに差がないものですから、パートもボランティアも一般職も専門職も差がないものですから、非常に難しい問題に立ち至っているのだと思います。

しかし、ここで踏んばって専門職を育成しないと二一世紀になったときに、われわれが国際競争力をつけていって他の国と対等にやっていくために、大学を出た後の人が勉強する身近な機関というのはどこにあるのか。やはり身近な図書館に必要とする知識・情報がきちんと準備されていて、必要なときに必要なものが提供されるということが重要です。図書館が発展してみんなが自由に勉強できて、日本の国際競争力を高めていって、できればそれだけではなくて、国際的な経済組織の均衡化とか、国際的な平和に貢献できるような国になればもちろんいい。そういう機能を図書館が果たしていけるようになればいいと考えています。そのキーポイントは専門職制の整備です。

7　おわりに

行政の人事の担当者がよく言うのは、図書館に専門職制をしくと人事の停滞が起きるということです。専門職制を導入するためには、少し大胆な方法も考えないと難しいでしょう。学校の先生のように司書を都道府県の職員にするというのもひとつの方法です。小・中学校の先生は大阪でいえば府の職員です。各自治体に派遣されて、その府の中で人事異動する。司書もそうすれば、人事異動の問題はなくなります。たとえば、東京二三区の場合、図書館で働いている職員は二五〇〇人以上います。四〇～五〇万くらいの人口の自治体の公務員の数ぐらいではないでしょうか。それだけの人数がいるのですから二三区全体で人事交流することもできるはずでしょう。その気になれば、方法はいくらでもある。目的税の導入もやってやれないことはないと思います。住民側からすれば「下水も土木も今のままでいい。ただ図書館の予算だけを増やしてよ」と思ってる人も相当多いのではないか。そういう自由度を増やしていく方法もある。そういったアイディアを考えるところまで図書館員の専門性に含まれるのではないか。今まで目録を書いたり分類したりということが専門性といわれていましたが、自分たちの職場や市民へのサービスをよくするために、行政機構をどうすればよいかということまで研究して、行政や市民に提案していく、そういう専門性が必要となっていると思います。その意味でも、どうしても専門職集団が必要だと思います。

「地方分権」と「行政改革」の二語を聞かない日はありません。地方分権の目的の一つに、地元の状況に合った行政を行なうために、現場の者が地元に合ったアイディアを出して、効率的な行政を実施するということがあります。現場において経験豊かな専門職が存在せずに、このようなことが遂行できるでしょうか。また、本当に行政改革を行なうのであれば、行政の組織のあり方を見直したり、税制そのものにもメスを入れる必要があると思います。図書館における専門職制を考える時、どうしても突き当たる大きな疑問です。

第三章　司書職制度を実現するために

1　はじめに

私が以前、図書館を学んでいる頃、多摩地区の図書館というと、非常に光り輝いて見えたものでした。この伝統ある研究会にお呼びいただいたということを大変光栄に思っております。ただ、今でも全国の図書館のリーダーシップをとっている地域で話すに値するようなことが言えるかどうか、ちょっと心許ないのですが、私の思いつきや普段考えていることをお話することにします。

二つテーマを用意しました。〈司書職制度を実現するためには〉というほうをまず第一にお話し、第二に〈有資格館長に求められる専門性とは〉を話したいと思います。主催者から、〈職員に望むこと〉というご希望をいただいたのですが、職員に望むことを言うのであれば、その前に自分が求められていることを先に話さなければいけないかなと思うからです。

2　司書職制度の実現のために

一九九八年の図書館問題研究会全国大会で、職員の司書職制度についての分科会がもたれました し、日本図書館協会（日図協）でもワーキンググループが生まれて、やっと危機感が相当盛り上がってきたかなという気がします。司書職制度を実現するためには、〈他の専門職と専門職制度の研究〉、〈迫られる決断〉と〈歴史の教訓〉の三つが必要と私は考えています。たとえば、なぜそういうことを言うかというと、次のようなことを思うからです。第二次世界大戦で日本が敗戦する過程、または歴史上の国などが崩壊する過程、あるいは大きな会社が倒産する過程、いろいろ組織や集団が崩壊していく過程を見ると、本質を見誤って、そして本質的ではないものにこだわっているうちにだんだん時間が経ってしまって、最終的にじり貧になって、非常に悲惨な最期を迎えるということは歴史上珍しくない。後になって考えるとその過程が非常によくわかるのですが、その渦中にあるときにはその本質とそれ以外のものをはっきり分けて、なにを守ればいいのか、どこに働きかければいいのかということが見えないことが多い。振り返ってみれば、あの時点で無駄なものを捨てても、本質的なことをきちっと選んでおけばこんなことにはならなかったという反省を持つということは、個人の生活、人生の中でもあります。今の図書館の現場の司書職制度、あるいは司書という制度についても、私はこれに非常に近い感じをもちます。本質でないことにこだわっているうちに、もう最後の危ない線を越えつつあるのではないかという気がするのです。本当に日本に司書職制度が必要だと判断するのであれば、大胆な方法を速やかに実施しなければ間に合わないだろうと感じているのです。これが「歴史の教訓」です。

こちらにお集まりの方は、ほぼ全員資格を持っておいでのようですから、それを前提に話していきます。「専門性か、専門職制度か」という問題があります。鶏が先か卵が先かという議論です。私は最近は制度の制定が先だと思うようになりました。専門性の向上について、これまでに書かれた論文などを大まかに読んでいくと、専門性の向上ということと専門職制度ということの議論に混乱があるという気がします。今月の『図書館雑誌』に、品川区の清水隆さんが、日図協の図書館員の問題調査研究委員会の関東地区小委員会で討議されたことをまとめて書いています。清水さんの見解と近いかもしれませんが、要するに、専門職として法的に規定されたことによって初めて「専門職」になるわけですね。個人的に資格を有するものが、専門的な業務を遂行していても、それは「専門職」ではないわけです。日本の現状では、ほとんどの自治体がせいぜいその段階です。せめてその段階を維持しようというのが、今までのあり方だった。

その中でどういう議論がされたかというと、とにかく中身を充実させて頑張ろう、司書、司書と言っても大した専門性を有していないではないか、誰が見ても一目で専門職だとわかるように切磋琢磨して、みんなから尊敬されるように、社会的に認知されるように頑張ろうという議論が多かったと思います。では、専門性が向上したら、自然に制度が生まれるのかというと、ちょっと違うと思う。また、専門性の重要性を訴えるだけで制度は生まれるだろうか。いいサービスをして、利用者が十分に専門性を理解してくれたとして、その市民が制度を作ってくれるのだろうか。さらに、ほかの専門職を見たときに、戦闘的にたたかっている専門職がいる。やはり制度は自分で作らなければいけないのではないか。これが「迫られる決断」です。

何年か前に出た、川崎良孝『図書館の自由とは何か』(教育史料出版、一九九六)とか、最近のリーバーすみ子『ライブラリアン奮闘記』(径書房、一九九六)を読んでアメリカの状況を見ますと、司書たちはやはりたたかっています。自分たちの地位、社会的な身分、そのあたりをもう少しきちっと分析する必要があるのではないかなと感じています。

3 専門職という制度

専門職制度としての制度の制定が法的に必要だと考えた場合に、制度の制定には法律や条例や施行規則がどうしても必要なわけです。それが国のレベルで行なわれるのか、都道府県のレベルか市町村のレベルか、あるいはそのすべてか、ともかくそういう手続きやルールが必要なことははっきりしている。それでは司書職制度が制定されるには何が必要か。政策はやはり必ず必要です。これが今まできちんと分析されて位置づけられていない。ともかく専門性を向上させるということに力点があった。少なくとも論文とか、公の研究会、委員会あるいは大会などで、このことがはっきり対象化されて話し合われたことはあまりないような気がします。問題は政策の欠如だと思います。本来はまず市町村、そもそも細かい条例、県条例はないですから、私は市町村における図書館政策というのは不可欠だというふうに思うわけです。たとえば大阪で言えば、いくつかの自治体では成文化された司書職制度を持っている自治体もあります。浦安でも、司書という職名があるわけです。その職名によって、専門職として自治体の中に位置づけられているということがあります。それはやはり政策なのです。

浦安と言えば、先日残念ながら辞任しましたが、熊川好生市長が専門職を置くという政策を打ち出しました。それは、浦安で優秀な専門職が働いていて、その価値が十分に認められて、自然発生的に行政も市民も議会も専門職が必要だというふうに考えて、実質的にそういうことが行なわれたというわけでは全くないのです。そういう伝統は全くない。政策が先にありきなのです。次に、国、県における図書館政策がなければならない。では、今、何があるかというと、負の政策です。図書館についての政策ということは特に作らなくてもいいよという「負の政策」があると私は理解しています。たとえ貧しくても政策らしきものがあれば、議論の対象になる。ところが何もないから議論の対象にすらなっていないというのが現状です。要するに、施設を作る補助金があっただけです。それもなくなってしまった。こんな行政分野はほかにはあまりないでしょう。

たとえば、アメリカは国全体で日本の四、五倍も税金を使っている。これは『図書館のめざすもの』

（日本図書館協会、一九七七）に載っていますからみなさんもご存じだろうと思います。アメリカは人口が日本の約二倍ですから、人口割りで言っても日本の二倍税金を使っている。これは政策が存在しているからです。それだけのお金を使って一定程度の行政サービスを行なおうという意志がそこに存在しているということでしょう。では政策の策定は誰が行なうのかというと、これは善良な市民でもなければ、末端の行政マンでもない。

図書館員は、そのあたりを今までは、はっきりきちんと認識していないのではないか。実は狭い範囲で、非常に具体的なところで決まっていくのではないか。中央官庁にある各審議会、市町村レベルでの審議会でもそうですが、事務局が方針を決めて、文章を作成して、審議会のメンバーというのは多少なんやかや言いますが、最終的にはシャンシャンと決まってしまうことが多いわけです。これはおそらく、中央官庁、都道府県、市町村という形の日本の行政組織の中で、似たような文化が存在していると想像できます。

4　活動の必要性

方針の決定がもしそういうやり方ならば、各審議会の事務局の構成員とのパイプや、委員に対する働きかけが、もっと具体的に必要なのではないかと思われます。文部省の何々局の何々課の何々係の係長、何々さん、その人が文章を作るのであれば、その人に働きかけるくらいのきめの細かささなければいけなかったのではないか。あるいは、中央官庁における各審議会へ直接の利益代表を送り込むということをもっとしなければいけないのではないか。協会の事務局長が一人で行ったくらいでは、その各審議会の大勢を覆すことは難しい。また、国会議員、県会議員、特に県会議員などに各地域でターゲットを絞って図書館シンパを育てていくということを気ながにやっていく必要があったのではないかと思うのです。

議員に働きかけることを、ロビーイング、ロビー活動と言います。日本では、料亭政治だとか言われますけれども、アメリカでも根回しなどがゼロなわけはないのであって、きちんと根回しがある。それはやはり、有権者が自分たちの利益を守るために、その代表として議員を送り込むわけですから、その議員に対して、有権者たる自分たちの意見をきちんと反映させて理解させるということは、当たり前のことです。決して汚い根回しとかコネクションや、エゴのための政治活動ということではない。日本では、そのあたりが混同されていて、ロビー活動などというものはあまり清く正しくない行動だというような雰囲気が存在しているような気がします。市民や図書館員が議員にどうやってアプローチすればいいか、手紙を書くときはどうすればいいか、電子メールはどう送ればいいか、ということまで書いてあるものをアメリカでは図書館協会が出しています。やはりこういう活動をわれわれはあまりにもやらなさすぎてきたのではないか。

極端な話、政策を策定する人が、司書職制度は必要だと思わせればいいわけです。その人たちが、未来において図書館というものが情報センターとして必要だとか、人間が豊かに暮らすために必要だとか、われわれが求めているような意味と全く同様に理解することは困難です。たとえば、票になるとか、これをやることによって内需拡大になるとか、そういう判断でも一向に構わない。さまざまな産業分野においていろいろな資格があったり、いろいろな職業集団がありますが、そういうところは少なからずそうした動きを実際している。そういう活動がやはり必要だったのではないか。アメリカの「図書館友の会」は二六〇〇くらい支部をもつ団体で、名誉会長がヒラリー・クリントンです。名だたる大企業の会長が「図書館友の会」の全国組織の理事長になっている。これは明らかに、建前としては「アメリカの未来のために、知的財産を継承していくために」とみんな言っているけれども、お互いフィフティ・フィフティで利用しあえるから、そういう人たちが図書館友の会のそういう団体に近づいてくるし、一緒に何かやっていこうという形になるわけです。理念だけで動くほど単純ではないはずです。そういうしたたかさが日本の図書館員にも必要なのではないかと私は強く思っています。

5　専門職制度についての研究

次の問題としては、他の専門職と専門職制度の研究をもっとしなければいけないということをあげたい。教員とか、看護士、各種技術職などの専門職制度の研究をしなければいけないのではないか。おそらくそういう技術職の場合には、その人たちと連なる関連の産業の裾野があったり、その産業とのつながりで族議員もいるかもしれない。今回、地方分権委員会や生涯学習審議会などで、司書の必置規制がはずされるなどということが新聞に書いてありますが、司書が必置であったことなんて今まで一度もない。実際は、単に補助金のための館長の有資格要件がはずされただけの話ですが、意図的なアナウンスがされているというふうに勘ぐれなくもない。今の報道のされ方やアナウンスのされ方からすると、各自治体の担当の部局の職員は「司書はいらなくてよくなったんだね」「館長も資格いらなくていいんだね」というのが、普通のとらえ方です。そうではない。補助金の資格要件がはずれただけ。ほかの社会教育主事とか学芸員は必置だったけれども、司書は必置だったことはない。分権委員会でも、付則の説明書には、「各自治体が、その自治体の状況に合わせてきちんと判断しなさい。付けるところは付ける、司書を採用するところは採用すると、自由にやっていいんだよという意味なのだ」と言っているけれども、一般的には今お話したような形で認識されているようです。

なぜ司書が今回、そういうふうに俎上にあがったのか。今話したように族議員もいない、連なる産業界もない、抵抗するところがない。他の専門職では、抵抗があって大変なところもあるでしょう。だから、私はやはり、そのへんの力関係とか、構造とか、社会的なあり方の関係性を分析する必要があると思っているのです。

外国の専門職制度

海外の専門職とか、専門職制度の研究もやらなければいけないと思います。ここ二〇年か三〇年くらいさかのぼって調べてみたのですけれども、驚くべきことに、専門職制、専門性ということについて書かれた本がほとんどない。日本の研究者によって書かれたものがない。民間企業の中でどうやって専門職を育成するか、そして育成した専門職をどう管理するかという本、つまり、ゼネラリストが専門職をいかに管理するかという本はあります。外国の専門職についての翻訳ものは若干ありますが、日本の社会では専門職ということについて必要性とか、社会的認知というのは非常に薄いと思わざるをえない。

日本図書館協会から一九九四年に出た『海外図書館員の専門職制度調査報告書』というのがあります。まとまったものは、これしかないのではないか。こういうのがもっとたくさん出てくるくらいの研究をしてこなければいけなかったのです。外国の司書制度については、漠然としたイメージしか浮かばない。それではだめなのであって、もっと具体的に、しっかりと調査をして、比較研究をするようなところまでいかなければいけないのではないかと思います。

ナイチンゲールは、クリミア戦争で敵味方なく看護活動をしたことで有名ですが、僕らの知識はそれくらいです。実はナイチンゲールが看護活動をした時期は非常に短いのですね。そして、ナイチンゲールの半生は何に捧げられたかというと、看護婦の制度というのを社会的に認知させて、制度を作るということだった。彼女が何をしたかというと、大臣に近づいたり、イギリスの社会で重要なポジションにいる人たちに働きかけて、何万枚という手紙を書いて、そしていろいろな人に会って、看護婦の地位向上を訴えたり、看護婦たちをつれてデモをしたり、宣伝カーに乗って走り回ったりといろいろな活動をした。ナイチンゲールの一番偉いところはそこです。私たちもそういうことを攻撃的にやらなければいけないのではないかという気が強くします。日本でも看護師さんたちというのは自分たちの地位を守るために、政治的な動きをきちんとやっています。もちろん人数も多いし、いろいろなバックがあるし、歴史的な過程もあるし、世界的なネットワークもあるわけで、私たちとても比べものにならないですが、学ぶ点は十分にあると思います。

制度の成立過程

次に制度化ということ、専門職制度の成立過程ということも研究すべき課題としてあると思います。二つあげると、自然発生的なものが最終的に政策的に制度化されていくというのが一つ。最初は専門職という制度はないわけです。いつの間にか人間の歴史の中でお医者さんが生まれてきて、そして誰もが専門性を認めていき、制度的に体系化されていくという形になっている。しかし、いったん制度化されてしまうと、専門性に疑問のある医者も当然生まれてくる。しかし、制度化するということは専門職を作って、その専門職だけに医療をさせようと決めるということです。そのうえで、一定レベルの医療を任せることができるシステムを作ろうと決めていくわけです。

もう一つ、政策的に設置されるという専門職制度があります。これは当初必ずしも専門性は高くないが、将来的に一部の人間にその業務をさせようと決めることです。日本の明治以降の制度はほとんどこれですね。本当に必要があるかどうかはわからないけれども、諸外国でやっているから、とりあえず作ろうよということで作ったものがたくさんあります。ここで言いたいことは、最初にお話したことにまた戻りますが、専門性が認められて社会から認知されていくということはもちろんある。しかし、最終的にはそういうものは制度化されていく。政策的に決めるということが重要なのだということなのです。制度が自然に生まれるということはまずないのです。

6　専門職制度と行政

社会のあり方と専門職、専門職制度ということについての分析ということが必要だと思います。アメリカの場合にはもちろん州によっても違いますし、自治体によっても違うので一概には言えませんが、多くの場合、必ずしも図書館の司書の専門職制度が成文化されてあるわけではない。それは社会的な認知があって、当然館長も職員の一定の割合の専門職を置くべきだと認知している、そしてライブラリー・ボード、つまり図書館運営委員会がそれを当然のこととして採用するのだと言っているわけです。それは、その社会が専門職というものを認めて、どういうイメージを持つか、そしてそれが当然だというふうに考えるか、あるいはそんなものはあまり価値を置かないというふうに考えるかということがまずベースとしてあると思われます。

日本の社会もアメリカの社会もヨーロッパも専門職というものを同じように感じているというわけでは決してないのであって、その文化的な違いがまずベースにあって、その具体的な現れとして制度が生まれてくる。私たちはあたかもどこの社会にも同じようなベースがあった上で、論理的な帰結として専門職制度が導かれていって置かれるのだというふうに考えがちなのですけれども、私はそうではないと思う。専門職というものをすんなり受け入れる文化があって、当然のごとく法律ができていく社会と、政策的に産業を育成するためにこれを作ろうとか、ある政策的な意図の下に専門職制度を作っていこうということがない限り制度が生まれない社会というものがあるのではないか。そのへんははっきり認識しなければいけないのではないかと思います。

制度を支えるもの

この違いはどこにあるかというと、ひとつは階級性との関係が強いと思う。階級制度があるような社会においては、その階級性を維持していくために専門職制があるというような気がします。知的な階級が集まりやすいような、そういう集団を維持するために専門職制度というのがある。それから、多民族社会で、放っておいたら一定の業務レベルが維持できないようなところは必ず専門職制度ができてきます。意図的に、政策的に作る場合もあるし、そうしないと社会が維持できないから自然にできていくという場合もあるでしょう。

民度との関係もあります。日本みたいに、民度がある程度高い社会においては、ゼネラリストで何とかやっていけてしまう。そうなると特定の専門職制度はいらないのではないかというような考え方が生まれてくる可能性もあります。それから中央集権的な傾向が強い民族と、地方分権的な文化を持つ民族ということでも、やはり専門職制の作りやすい土壌がある文化とそうでない文化があるのではないか。

専門性と専門職制度に関する専門書が少ないということは、日本の文化のせいではないか。日本民族がゼネラリストでとにかく社会を運営していこうという傾向が強くなっているということは、もうみなさんご存じのとおりであって、専門職制度についての研究がおろそかになっている。これは文化です。日本はいつからゼネラリストの国になったのか。江戸時代の士農工商の時代では明らかに社会の各階層と仕事というものが世襲されていたわけですから、スペシャリストの社会であったはずです。

スペシャリストの中もきちっと階層になっていて、きちっと専門職の階層ができている社会と、スペシャリストの社会の中で、ゼネラリスト的に運営されているというタイプとがあるのではないか。私の印象ですが、アメリカにしろ、欧米にしろ、たとえば行政分野にしても、専門職集団の固まりです。だから、たとえば、ニューヨークの公務員の組合というのはどうなっているかというと、公務員の行政の中での専門職が、いろいろな職能の人たちが集まって一つのユニオンを作っている。日本のように、全員がゼネラリストで、地方公務員の組合を作っているわけではない。専門的な傾向が非常に強い。トップのマネージメントをする人たちは、マネージメントのスペシャリストです。

図書館長でもそうです。アメリカでは、修士以上の資格を二つ以上持っているということが多い。そうすると二つ資格を持っているうちの一つは、経営の修士や博士号、もう一つは専門分野のものを持っている図書館長が多いようです。

ところが、日本の場合には、トップはゼネラリストです。ゼネラリストとしてもまれていって最終的にトップはゼネラリストの親分という形になる。外国のトップと日本のトップが交渉するときに、向こうは専門職が来る。ところが日本はゼネラリストが来る。ですから話がかみ合わないわけです。そういう意味では、日本というのはゼネラリストでどこまでいけるかという壮大な実験をやっているというふうに私は思うのです。

私は図書館という小さい窓から外を見ていたわけですが、ふと気がつくと、日本の行政は三、四年で異動してしまう。文部省の図書館担当の係長も三、四年で異動です。これだけ複雑になっている社会を相手にして、三、四年くらいのサイクルで回っていくレベルの経験で、社会をコントロールしていけると、どうして自信を持って言えるのだろうかと不思議でなりません。

全国的な平均値で、一〇年以上のベテラン司書というのはおそらく一〇%を割っているのではないか、さらにここ三、四年で急激に減るのではないか。だから、政治向きのことには関わらずに、専門性を高めていって、そしてそれを社会が受け入れてくれるということを期待しながら、一生懸命現場でがんばって、疲れきっていくか、もう少ししたたかに戦略を練って巻き返しを図るか、そういう時期に来ているのではないか。

韓国では、一九九一年に、公立図書館の館長を専門職とする法律をつくりました。まだ四〇代のばりばりの韓国のエリートで、ハーバード大学を出て、博士号をロンドンの大学で取ったという人が、浦安に来たことがありました。韓国は日本の文部省に該当するところが教育庁と文化庁の二つにわかれていると言っていました。「図書館は文化庁がやるべきだと思うかね、教育庁がやるべきだと思うかね」と質問されました。答えに詰まって、私は「文化庁がやるべきだ」と答えました。また、「さらに言わせていただければ、文化政策で図書館をやるのは間違いではないか。情報政策の分野だと思います」と答えました。その人は、公共図書館には全部専門職を置いて韓国はやっていこうと思っていると断言しました。

大体アジアの国は植民地だった時代、ヨーロッパが宗主国だったわけで、制度を引き継いで、専門職制をしいている国が多いのではないかと思います。先進国はだいたい専門職をしいているわけですから、その中で図書館にこれだけ専門職を置いていない日本というのは、やはり壮大な実験をやっているのだなと思われます。

7　司書職制度と人事

専門職制度を導入するのであれば、学校の先生のような広域での人事異動ということを考えないと、司書の就労意欲を維持するということが難しいのではないかと思います。アメリカの図書館システムは、大体カウンティ（郡）単位が多い。大体日本の県と同じくらいの広さと人口規模です。そこでの人事異動ということが多いので、日本でも司書を県内での人事異動というような形を図るということが一つ可能性としてあるのではないか。財政的に「都道府県にはそんなお金はない」と言うのであれば、今、市町村がかけているコストを、維持するために供出するという方法もあるかもしれません。たとえば、比較的職員が多い自治体は、県全体で回すようになると、おそらく職員が減ってしまうから困るという場合には、差の人数だけは市町村独自の財源で、市職としての司書を雇うという可能性もあるような気もするのですけれどね。

それと目的税の導入です。これ以上税金を取られては困るかもしれないけれど、下水道はいいから図書館をよくしてほしいという市民はいるわけだから、税制にもメスを入れないとだめだと思います。公務員の組織にメスを入れずに、税制の組織のあり方もそのままにして行政改革をやろうとしてもできるわけがない。そのへんに問題としてあるのではないか。

浦安では司書に対する三ヵ月程度の長期研修を、県立図書館におねがいしています。今年も一二月に一人出す予定ですけれども、県立の館長に頼み込んで、うまくすれば来年度から半年から一年くらいの長期研修というのも実施できる予定です。それもバーターでできるかもしれない。県立から一人来てうちから一人出す。次の段階は千葉県内での市町村間での人事交流みたいなもの、それも県立図書館と絡めて、三角バーターみたいにして、一年とか、それを二年に延ばしていくというようなことをしたい。そして、それが県域での人事交流まで進むように願っています。

8　図書館についての政策を示すべきだ

図書館の現場に専門職が、その立場や業務の範囲や質があいまいなまま配置されることにより、その他の職員との連携が円滑に維持されない場合があります。本質・原因は全然違うところにあるのに、その結果、現場で一般行政職と司書の軋轢が生まれているというのは、一般行政職の責任でも司書の責任でもない。原因はほかにあるのです。本来仲よく仕事できるかもしれないものがそうなってしまうのです。

政策の必要性

それはなぜか。そのキーワードは「政策」です。先ほどの司書職制度も、「政策」がまず先だという話をしましたが、この現場における問題も、そうです。政策があるということはどういうことかというと、これに基づいて法律があるということです。そして、それに基づいて施行規則があり、基準があったり、規則があったり、細かくなっていけば内規もあればマニュアルもあるということになっていきます。今の行政で言えば七〇％から八〇％が、国県―市町村という形の委託業務だと言われています。これを維持するために、市町村の一般職員は都道府県に行って、都道府県が用意した研修を受けて、国や都道府県が用意したマニュアル、規則、そういうものを全部自分の手元に置いて仕事をするわけで、これが一般行政職の仕事です。だから一般行政職が図書館に来たときにとまどうのは、一週間に二回やっているお話会、これは何に基づいてやっているのか、探したってどこにも出てこないとなるわけです。司書は司書で、冗談じゃない、人類一〇〇万年だか二〇〇万年の歴史の中で育ててきた、はぐくんできた図書館の歴史があるのだ。全世界的にこれは認められている図書館の生き方だぞというふうに、ぶつかる。

図書館の仕事

私は図書館には三つの仕事があると思います。第一に一般行政的な庶務的な仕事。第二に本当に専門的な仕事。第三には両方ができる仕事。他の行政分野に比べて、この三種類の業務の内容や割合が、職員の構成により、恣意的に変更されてしまうという問題がある。個人の見解が仕事をやる場面にストレートに出てくるというのが図書館現場の特徴だからです。専門職でない職員に、存在感があって、力があって声が大きいと、この人の個人的見解が通ってしまう。逆に今度は力のある司書がいると、その意見が通ってしまう。普通の行政分野ではこういうことはありえない。普通の行政分野の自由度などというのは、本当に五％か一〇％くらいで、ほとんど似たような行政をやっているわけで、自由度がないのです。ところが図書館には具体的な基準や法律がないために、空白地帯という形になっている。だからこそ個人的見解が出てしまう。行政職だって個人的見解は持っています。こんな福祉はやりたくないとか、こんな土木工事やる必要はないのではないかと思いますよ。個人的な好き嫌い、文句はさんざん言うが、仕事は仕事としてしっかりやる。仕事ができる公務員であればあるほど、能吏であればあるほどこの区分けがしっかりしています。それは、政策があって法律があって条例があるからです。ところが図書館にはこれがないから、個人的見解が直接サービスや業務に良くも悪くも、専門職も一般行政職も個人的見解が出てしまうのは、政策がないからです。というふうに分析をしています。今の一般的な図書館現場での軋轢の原因はここにあって、そのキーワードは政策のあるなしということだと思います。それでは、どんな政策でもよいかといえば、そうではない。国、県、市町村のレベルで民意を反映したものがつくられなければならないのです。たとえば、以前は目録カードの「記入（書き方）」ができることが重要な専門性のひとつでした。しかし現在では、書誌データベースの構造を理解する能力の方が利用者の利便性を高める専門性といえるでしょう。

外国人利用者が増えれば、多文化サービスのスキルが要求され、インフォームド・コンセントの意識が高まれば医療情報に対するスキルが重要視されるようになります。時代とともに利用者から要求される専門性は変化する。本来まずニーズがあり、そのニーズに対応する政策がつくられ、政策を実現するためにサービス方針があり、実際にサービスを実施するために専門的能力が必要とされるのではないかと私は考えています。

専門性のみが自然発生的に形成されるとは考えにくい。また、社会的ニーズの低下した分野にかかわるスキルや、そもそもニーズのない分野のスキルを向上させても、それは独りよがりの専門性というものだと思います。

従来、新しいニーズに対しては、個々の図書館の各担当において、単にサービスのメニューを増やすという形で対応することが多く、図書館の全体の政策の変更として意識されることはありありませんでした。そのため組織や業務が複雑化し、効率を低下させていることはないだろうか。また専門性についての議論が、えてして総花的な、抽象的なものにかたむきがちであった原因もこの辺にありはしないか。専門性と政策は、表裏の関係にあるように思えるのです。

9　図書館長の中立性と相対性

専門職館長の専門性とはなにか。昔、お前は市民の味方なのか行政の味方なのかと問われた館長さんがいらっしゃると聞いたことがあります。それに引っかけて言うと、専門職館長の専門性の立場でいえば、市民の味方でもない、行政の味方でもない、さらに職員の味方でもない、事実・真実・本質を求める人間の味方ですと、言いたいと思います。とはいえ、先ほどの専門職制のところにまた戻っていくわけですが、専門職館長の専門性というのはその社会におけるものの考え方、つまりいろいろなものの考え方のある中で専門職をどう考えるかという、そういうものがあってはじめて成立するものです。自分が勝手に専門職だ、専門職館長だと言っても、専門職として成立しない。本のことを知っているとか、市民のことを知っているとか、どういうふうに図書館を運営すれば利用が増えるとかいうことについて、行政職の館長が専門的レベルまでスキルアップすることは充分あるのですから。あくまでも制度の問題ではないかと私は思うのです。

次は内容の問題をお話したいと思います。「事物の相対化を体現する存在」ということです。図書館は中立でないといけない、図書館員は中立でないといけない、図書館長は中立でないといけない。何が中立かと言うと、資料の収集はもちろん、業務をやるときの公人としての立場は中立でないといけない。政治的な立場も中立でないといけない。そして、資料収集はバランスよく、中立を維持するために収集しなければいけない、と言われています。

考え方としてあり方として、その通りだと思いますが、本当はどうなのかと考えてみたのです。そうすると、たとえ話ですが、政治的な関連の資料を収集したときにバランスよく集めてそれが結果として中立を維持するというふうによく言われます。でも具体的には、どうですか。極右の本を一冊買った。バランスを取るためにちょっと左がかった本を三冊買う。そういうことではないですよね。現実に、具体的に、バランスを取って完全に中立な資料収集なんて、本当はできないでしょう。そうではなくて、私たちがやるのは、世間に出版された本をなるべくたくさん集めて、とりあえず、五年度でも一〇年でも二〇年でも、ともかく出版され流通している資料を大量に集めることによって、「こういう考え方もある、こういう考え方もある」ということを市民に提供するということであって、結果的にこれは、中身を精査していったときには中立かどうかはわからない。だから、中立的な立場で資料収集するということは、どこかのものに偏った収集をするのではないという意味です。特定の思想信条に基づいて、偏った収集をしない、そういう意味での中立だということをわかってほしいのです。しかし、その結果として集めたものが、バランスとして中立だとは限らない。いろんな考え方があるということを提示するということです。そうすると、これはいろんな立場があるわけで、絶対的にこれが正しいというわけではない。相対化、要するに、思想やあり方やものの考え方というものを、資料を通して相対化していくということです。

ある市民がいて、何かの決定をしようとしていたときに、一つの考え方しか自分の目に入らなければ、そしてこれを信じたとすれば、絶対化してしまう。その絶対化することを防ぐ、ほかにもいろいろな立場がたくさんあるのだと示すことによって、あることがらについて相対化されていくわけです。相対主義というのは、これでもない、あれでもないと言って自分の立場を明らかにしないということで、あまりいい意味では使われないのですが、私がここで言いたいのは、判断する過程というのは、一度相対化されたものが絶対化していく過程だと思うのです。判断するときというのはいろんな考え方をする、ああでもない、こうでもないと、どんどん相対化していく。なるべくいろんな考え方をしようとするわけです、しかし最終的に自分のやれることは一個しかないから、最後は絶対化していく。

行政の政策決定の過程もこれだと思うのですね。何か一つ行政体がやろうというときには、いろんな方法を考えて相対化したものが最終的に収斂して絶対化されていく。だから、そういう相対化するものを提供するというのが図書館なのです。行政上の決定をするときに、担当課長や担当セクションの職員や、あるいは行政全体の職員、首長も含めて、ある政策決定をするときには十分相対化してもらわなければ困る。そして、それを絞り込んで絶対化していくという過程がある。だから、行政の他の課長たちに対して、事物の相対化を体現している、これが専門職館長の一番重要な価値ではないか。

「判断に要するいろいろな資料を提供する」という表現でいいのではないか。もう少し踏み込んで、それはどういうことなのだというと、こういう表現の仕方ができるのではないかと思う。行政の教育長だとか市長だとか、あるいは部長課長に対して、相対化を迫る図書館長——豊富な資料をバックにして、それは十分相対化しているのですか、いろんな価値観を相対的に考えているのですかと言えること、それが行政内部での図書館長の存在意義だと思います。なぜかというと、行政の場合は、先に結論ありきのことが多いです。もう結論が出てしまっていることが多くて、それで進めていって、市民の反対にあって大騒ぎになってしまうということが少なくないです。最初から相対化してもっと考えなければいけないのではないか。いろんな立場に立って、違う視点から見なければいけないのではないか。これはその課長が自ら相対化することです。たとえばトップからの意向を受けて、ある路線で突っ走らなければならない課長が、「いやそうではないかもしれない」と悩みながら考えるというのは、自分を相対化していくことであって、それをバックアップしていくのが図書館長の仕事だと思います。そういう立場に立ちやすいところだと思います。

周りを相対化するという顔をして、部長や課長の中にいるというのが図書館長の重要な役割で、それは市民に対してもそうであるということです。それに関連した形で言えば、象徴的な意味での文化の提供者、保護者、伝承者でなければならない。実務的な業務——実務的な文化の提供とか、文化の保護とか文化の伝承というのは図書館システム全体がするわけですから、図書館長というのは象徴的な意味での文化の提供者である。

アメリカの図書館長は意図的にそれを演出しています。「私は文化の保護者です」と言う。図書館のトップにそういうイメージを、図書館の運営委員会なんかもそういうものを求めています。だから、私はそういう意味では、良くも悪くも欧米の社会というのは一種の階級制というのが存在するのではないかと思う。そういうイメージとその階級に属する人というのが一致しているということがありますよね。

これまでお話ししたのは自分なりの図書館長像であって、自分に引きつけて考えると、なんとも心もとない状態です。努力はしていますが。

II

第四章　図書館はなんのためにあるのか

1　公共図書館の目的は知識と情報の提供

多くの方が、図書館は本を貸してくれるところ、本を貸すのが目的、と思っていらっしゃるかもしれませんが、図書館にとって本を貸し出すことは、本来、図書館がもっている機能と目的を果たすための手段の一つにすぎません。公共図書館の唯一の目的は、「市民に対する知識と情報の提供」です。

では、なぜ日本の公共図書館が「本を貸すところ」と捉えられてしまうのか。それは、大袈裟に言えば、日本の歴史が市民革命を経ていないからです。市民革命によってヨーロッパの一般大衆は権利や財産を取り戻したと言われていますが、実は、取り戻したのはそれだけではなく、特権階級

表4-1　公立図書館資料費の経年変化

年度	図書館数	1館当たりの資料費（万円）
1992	2,011	1,556
93	2,091	1,617
94	2,180	1,557
95	2,270	1,541
96	2,336	1,539
97	2,423	1,496
98	2,499	1,460
99	2,560	1,436
2000	2,613	1,384
01	2,655	1,332

社団法人日本図書館協会資料より

表4-2　一般会計に占める図書館の資料費の割合（2000年度）

自治体区分	資料費比（%）
都道府県	0.007
特別区	0.100
政令指定都市	0.030
市	0.082
町村	0.129
平均	0.038

社団法人日本図書館協会資料より

に占有されていた知識や情報までも奪い返したんです。それが、以後の市民社会を形成するうえでなくてはならないものになった。つまり、市民による知識や情報の共有化がなされたからこそ、近代的な市民社会が完成されたわけです。不思議なことに、そういうことを日本の教育では、あまりきちんと教えようとしません。それが民主主義につながるものであるにもかかわらずです。

この知識や情報の共有化を目に見える形にしたのが公共図書館なんです。そういうふうにとらえなければ、公共図書館が存在する本当の意味が明らかになってこないと思います。図書館が、単に「本を貸すところ」であれば、書店と競合するだけの存在でしかなく、市場経済の邪魔をしていることになってしまいます。知識や情報の共有化によって社会を豊かにし、国を強くしていく、そのために公共図書館があるのです。

アメリカは、建国の精神の中に「知識や情報は市民のものである」と明確にうたわれていると聞き及んでいます。ですから、アメリカでは国の政策の中に公共図書館がきちんと位置づけられ、国の強力な情報提供機関としての役割を果たしているのです。

ところが、日本の場合は、憲法の「知る権利」、教

表4-3　資料費区分ごとの市区町村数（2001年度予算額）

資料費額	市区町村数	割合（%）
100万円未満	53	3.27
100万円〜	191	11.78
300万円〜	223	13.77
500万円〜	407	25.11
1,000万円〜	346	21.34
2,000万円〜	144	8.88
3,000万円〜	103	6.35
5,000万円〜	100	6.17
1億円〜	54	3.33
計	1,621	100

社団法人日本図書館協会資料より

育基本法、社会教育法、図書館法という流れがあると言われてはいますが、「民主主義を守るために図書館がある」「知識や情報の共有化のために図書館がある」と、国の政策としてはっきりと打ち出されているわけではありません。どことなく、文化・教養を広める、というニュアンスが強くなってしまっているきらいがあります。そのために、公共図書館の性格があいまいになっています。

このあいまいな公共図書館の存在意義や目的を明確にするのはだれか。それは、国民です。もはや、行政が決めていく時代ではありません。というよりも、すべての決定権が国民にあるのは当然のことなんです。本来ならば、国民の選んだ代議士が法律をつくり、それにのっとって予算を割り当てる、というのが民主主義的な国の運営のルールであるにもかかわらず、これまでは、どうかすると先に優先順位があり、それに従って法律や条例をつくり、予算がそちらに回るようになる傾向があったのではないでしょうか。しかも、一度定められると、その後も特定のことに優先的に予算が回される。新たに生まれた社会のニーズに応えられない原因は、そこにあります。

最近では、社会も、そうしたことをおかしいと少しずつ感じ始めてきています。そういう状況を打ち破るために、メスを入れるべきところにはメスを入れて、税金の使い途を考えましょう、と首相も自ら言っているわけです。しかし、まだまだ義務的経費ばかりが増えて、知識や情報を共有化するためのサービスを提供する公共図書館には必要な予算がつかないのが現状です。しかも、それが年々減り続けている。図書経費も職員の数も制限されてきています。これを変えていけるのは、国民です。国民がそういう意識をもたなければ、この現状は変わっていきません。

2　自己判断・自己責任型社会に欠かせないもの

そうした厳しい現実を図書館が抱える一方で、国民は、公共図書館に対して年々必要性を強く感じていると思います。それは、公共図書館がほぼ毎年五〇館から一〇〇館新設されており、それが二〇年近く続いていることからも明らかです。ここ一五年間で約一〇〇〇館の公共図書館が建てられましたが、この数字のほとんどがバブル経済崩壊後のものであることを考えると、ほかの公共施設の新設が頭打ちにある状況の中、いかに市民が公共図書館を要望しているかがわかっていただけると思います。それは知識や情報を国民が必要と感じはじめていることの表れ以外のなにものでもありません。ところが、建物はできてもランニングコストが不十分なために、本を買うことのできない図書館が多数出てきています。市民のニーズはあるけれど、それに応えられる図書館を維持できない。これは、図書館の本質的な危機です。

国民が、これほど知識や情報を必要とするようになってきた理由はいくつかあると思いますが、その最大のものは、日本という国が自己判断・自己責任型の社会に徐々に移行してきているからです。それを国民が感じ始めているからです。

かつての日本は、横並び型社会、護送船団方式という組織社会の中で、みんなと同じことを考え、どこかから与えられた命令に従って一斉に同じ行動をしていればよかった。たとえば、中小企業は大企業の言うことを聞いていれば安泰でしたし、地方自治体は国や県の言うことを聞いていれば予算をもらうことができました。しかし、国の財政事情によって、あるいは世界の経済情勢と伍していくために、または個性や独創といったものの必要性を痛感して、などというさまざまな理由から、良くも悪くも自己判断・自己責任型社会の道を歩まなければならなくなったわけです。

ところが、現在の日本社会を見ると、自己責任だけが押しつけられている状態です。本来、自己判断・自己責任型社会というのは、「自分の人生を自分で選び、自分の納得できる人生を送ること」であるはずです。にもかかわらず、自己判断の部分を奪い取って、自己責任だけを喧伝しているように感じられます。銀行がつぶれて預金が戻ってこなかったとしても、それは自分の責任だぞ、と言う。これまでは丸抱えしてあげたけれど、これからは自分たちで責任をもってやってくれ、と放り投げているようです。それが果たして、自分の人生を自分で選び、自分の納得できる人生を送ることになるんでしょうか。そういう人生を送るためには、判断を間違わないようにする材料が必要なのです。

では、日本の社会で、どこからそれを手に入れることができるのでしょうか。よく「インターネットがあれば必要な情報は手に入る」と言いますが、インターネットで、自分の人生を自分で選び、自分の納得できる人生を送るための情報が本当に手に入るものでしょうか。たとえば、「公共図書館」「未来」「改革」などという単語を入力しても、公共図書館を立て直すために必要な情報は出てきません。失われた九〇年代の原因を探りたいと思って、「失われた」「九〇年代」「原因」と入力しても、なにも得られません。インターネットがあれば自分で選べる、納得できる人生を送れる、というのは錯覚です。インターネットから入手できるのは、断片的な情報にすぎません。われわれがいま最も必要な自己判断のための情報は、そこにはないのです。インターネットを使えば使うほど、そこには重要な情報はないということがわかってくるはずです。少なくとも日本においては、そうです。

それなら新聞やテレビの情報はどうか。九月一一日は、二〇〇一年にテロ事件が起こった日ですが、そのとき、どの放送局も新聞紙面も、同じような情報しか提供できませんでした。そんなメディアから、自分にとって必要な情報を得るのは困難なことです。

3　公共図書館は国の情報政策に位置づけるべき

しかし、アメリカは違います。自己判断・自己責任型社会を建国以来二〇〇年間も続けてきた社会ですから、得られる情報の内容が日本とはまったく違っています。図書館に電話一本かけるだけで、銀行の格付けも、株に関することも、求人についても、あらゆる情報を教えてくれます。

同時多発テロのときもニューヨークの図書館は、二、三日後には、インターネットを通じて事件の関連情報や行方不明者の情報を発信しています。自己判断・自己責任型社会を前提として生まれ、知識や情報は社会のものであるという考え方を基盤としている国であるために、それが当たり前のこととして行なわれているのです。特権階級である貴族だけが知識と情報を握り、その一部の人間だけが社会を支配していた階級社会イギリスの仕組みを嫌って新大陸に移ってきた人たちが、そうではない社会を、と願ってつくりあげた国であるがゆえに、一部の人間への知識、情報の偏重には「NO」を突きつけるわけです。ですから、彼らにとっては、「一部の人が知識や情報を握ることはよくないことだ」ということは、いまさら言うべきことでもないんです。

一方、日本はというと、神代の昔からお上が存在し、命令が与えられ、租税を徴収され、大方の人がなんらかの組織に属し、その集団に従うことによってのみ生きることができ、自己判断・自己責任などという考え方の入り込む余地すらありませんでした。歴史上のほとんどの時代がそうであったと思われます。その結果、近代になると、海外の国々から「透明性の低い国」としてバッシングされるようになりました。アメリカとの貿易交渉の席で、日本はそれを「内政干渉」のひと言で片付けようとしましたが、しかし彼らは、情報というものは開示されているべきで、だれもが知ることのできるものでなければ自由主義経済は維持できない、と考えていたわけです。

ノーベル賞を受賞した、あるアメリカの経済学者が、いまアメリカが進めているグローバリゼーションは間違った政策だ、と断言しています。それは、途上国と先進国の間に、いま盛んに言われているデジタル系の情報格差、いわゆる「デジタル・ディバイド」を生んでしまうからです。自由主義経済は、情報格差のない状態でなければ発展しない、と彼は言っています。先行企業にばかり情報が集まり、後発企業よりも優位な状態になってしまうとしたら、新しい企業は生まれてきません。日本でベンチャー企業が少なかったり、なかなか育たないのは、そのためです。つまり、情報格差が原因となって社会全体の力を落としているということです。それは国の根幹にかかわることとして看過できない問題であるはずです。

自己判断・自己責任を全うするためには、情報の開示・透明性、情報へのアクセス権の公平性が必要です。そして、日本がそういう社会をめざすのならば、情報のインフラを整備しなければならないことは明らかですし、そうでなければ社会的不安が起きてしまいます。情報を握った一部の人だけが有利になり、それ以外の情報をもたない人には自己責任ばかりを押しつけられるようであれば、それは公平な社会とは呼べません。もちろん、情報開示のためのチャンネルはたくさんありますし、その一つであるマスコミの在り方も変わっていかなければいけません。しかし、最も重要なのは公共図書館です。だれでも行ける。どんな情報も手に入る。そのためのコストもほとんどかからない。それは公共図書館だからできることなんです。

身近な図書館というのは、言ってみれば水道の蛇口です。巨大な情報の貯水池がほかにあって、そこの情報という水を、本やデータベースから引き出す蛇口。ですから、小さな図書館が街にあっても役に立たないと考えるのは誤解で、システムさえ整えば小さな蛇口からも重要な情報はたくさん出てくるのです。

そういった意味で、アメリカの公共図書館は非常に発達しています。興味深いのは、地方自治の国であるアメリカで、公共図書館に関しては国が積極的に関与しているということです。国としても、また州レベルでも図書館を情報政策の重要な一つとして位置づけ、国や多くの州で図書館に対する補助金制度を用意しています。中央集権的な国でありながら図書館に対する政策が不十分で、経費も、補助金も不足し、それでいて全面的に地方自治体に任されている日本とは、あまりにも対照的です。

イギリスでも、昨年一月に公共図書館が必要とする基準が打ち出され、非常に細かく規定されました。ある一定のエリアに一館は必要であるとか、市民がリクエストした資料は何日以内に提供しなければならないとか、そういった基準を国として明確に示したわけです。また、隣の韓国でも、一九九二年に図書館振興法を制定し、公共図書館の館長は司書の資格をもった者でなければならないと規定しました。そして、司書も、その能力に応じて一級、二級とランクづけをしました。

日本では、図書館のプロである司書の資格をもっている館長は、ほとんどいません。私のようなのは「レッドブック」もの、絶滅危惧種です。それは、そういう規定が日本にないからです。役所の課長を数年交替で順に館長に就任させている自治体がほとんどだからです。それどころか、司書が一人もいない図書館すら珍しくありません。図書館に司書を置かなければならないという規定がない国の国民が、どうやって自分に必要な情報を図書館から得られるでしょうか。

浦安市の場合は、市長の政策として、図書館は専門職に任せるという考えから、市の一般職員とは別枠で採用しています。ですから、四一名の正職員のほぼ全員が司書の資格をもっています。ある程度の規模の公共図書館で、それくらい徹底しているのは浦安市だけです。仮に、建物が立派で、予算もそこそこある図書館でも、ソフトが不備にならざるをえないのは、専門職である司書がいないからです。それでは、市民が求めるものに対して満足な答えを返せないでしょう。

先進国に限らず、多くの国が公共図書館をそれほど重要視しているのは、公共図書館が国の情報政策において、なくてはならない役割を担うものであると理解しているからです。図書館は、決して文化政策のみに位置づけられるものではありません。ＥＵの議会が、これからのヨーロッパの発展には公共図書館の充実が必要である、と決議したのも、それほどの意味を公共図書館に見いだしていることの表れです。

4　日本の情報政策が欠落している証拠

アメリカでは、一九七〇年代ころからインフォームド・コンセントという考え方が社会的なテーマになり、いまでは、自分の医療に関しては自分で選んでいく、という意識が徹底しています。医師と患者が医療について議論するという、日本ではまだまだ考えられない光景が現れています。

そのとき、専門家である医師と互角に議論できるだけの情報を、医学の素人である患者はどこから手に入れるのか。それは、主に公共図書館からです。たとえば、「ＭＥＤＬＩＮＥ《メドライン》」という医学に関する有料のデータベースを導入している図書館があります。これは、医学の専門家たちが利用しているものです。そのため、利用するに当たってはかなり高額の契約金が必要になりますが、それを公共図書館が導入したことによって、市民は無料で利用できるようになったのです。図書館の会

表4-4　G7各国との図書館数の比較

国名	10万人当たりの図書館数
日本	2.11
アメリカ	5.77
イギリス	8.83
イタリア	3.76
カナダ	11.88
ドイツ	17.48
フランス	4.38
平均	6.75

『ユネスコ文化統計年鑑』1999年版等より

員登録をするだけで、自宅のパソコンから図書館のサーバーへつなぎ、そこからデータベースへアクセスできるわけです。それこそが、まさにパブリック・ドメインなのです。日本のように、あるところに参加しなければ情報が得られないとか、特定の人たちしか情報を得られない、お金がなければ情報が得られないとすれば、その情報をもっと生かせる人物がいたとしても、利用できないことになってしまいます。それは社会にとってマイナスでしかない。そんな社会がアメリカのような社会と競争して勝てるでしょうか。経済的に裕福であろうがなかろうが、みんなが知識や情報を共有化でき、能力のある人はそれを使って社会に還元するというシステムがあるからこそ、社会はより豊かになっていくのです。知識や情報の共有化が必要だというのは、そのためなのです。

日本における情報政策の欠落を示す例として、こんなこともあります。

現在、パソコン用の漢字ソフトを使っている国は、日本のほかにも韓国、中国、台湾などがありますが、そうした国々が集まって、パソコンで使う漢字の国際基準をつくろうという協議が始められています。この協議に参加している顔触れを見ると、他国は全権を与えられた国の代表者たちですが、日本はというと、国会図書館の職員がオブザーバーとして参加しているだけです。国の全権を与えられた人ではないのです。そして、その状況に対して、他国から「日本は、それでいいのか」と、心配する声が出ているのです。それはそうです。日本の意見が反映されないまま漢字の規格が決定されてしまうと、日本人にとっては非常に使いづらくなってしまうわけですから。もし、日本だけ独自の規格でやっていくとすれば、それはローカルなものですから、非常にコストの高いパソコンになってしまいます。そうすると、情報を得る場合に、圧倒的に不利な状況になってしまいます。

そういった国の将来にかかわる重要な問題にも、日本は対応しきれていないのです。文字や本やデータベースのコンテンツというものは、文化政策としてとらえるものではなく、情報政策の一環として、しかも国際的な戦略として考えていくべきことです。日本はこれからどうやって国際競争を勝ち抜いていくべきか、あるいは戦争に巻き込まれないためにはどうすべきか、といった問題と隣り合わせの問題でもあるのです。

欧米では、ありとあらゆる国の書物を集めて、巨大なライブラリーをつくっています。それは、将来の外交や国家戦略に備えてのことです。情報収集が国の未来を左右することを知り尽くしているからです。

かつて『菊と刀』を書いたルース・ベネディクトは、一度も日本に来たことがないにもかかわらず、日本人の特性を書き上げました。そして、それをもとにアメリカは戦後の対日戦略を構築しました。では、なぜベネディクトが日本人について書くことができたか。それは、本、司書という情報源がアメリカにあったからです。

以前は、アメリカの大きな図書館や大学には日本人の司書や研究者がたくさんいました。そして、そういう人々の力を借りて、アメリカは日本やアジアについて研究したのです。ところが、いまや日本人の司書の率は減り、中国や韓国の司書が増えています。それは、中国や韓国が、自国に有利な情報をアメリカに提供するために司書を送り込んでいるからです。それが、対アメリカ戦略に基づいた、中国や韓国の情報政策の一環だからです。

いまや世界有数の商業都市となった中国・上海には、非常に大きな図書館があります。そこには、世界中のビジネス関係の雑誌や新聞が潤沢に揃い、容易に利用できる体制が整っています。そこから情報を得た中国人が、中国国内でビジネスを成功させ、そして世界へ出てくるわけです。それが中国の国家戦略なのです。日本には、そういう図書館は一つもありません。国会図書館へ行っても、世界中のビジネス書や新聞を簡単に読むことはできません。日本が勝つか負けるか、という問題まで結びついていることなのに、そういうことを心配している人が日本人の中に非常に少ない。私は本当に危惧しています。ですから、機会があるごとに「これでは大変なことになりますよ」と言っているのですが……。

5　図書館を衰退させる時代錯誤の動き

以前、公共図書館の貸出は、その六割が文芸書だった時代がありました。ところが、現在の浦安図書館の貸出状況を見ると、七割以上が文芸書以外の本や資料です。あらゆる分野の本や資料が借りられています。それだけ市民の情報ニーズが多様化、高度化してきているということです。しかも、全国平均で、国民一人当たり年間四・六冊という図書館の利用状況の中で、浦安市では、市民一人当たり年間一二・五冊も借りられています。

そのことが書店経営に影響を与えているかというと、市内に七、八店ある大型書店は、すべて図書館が開館した以降にできたものですし、そのどれも閉店してはいません。それどころか、他の同規模自治体の書店の売り上げよりも、年間約三億円も多いのです。図書館の貸出率が日本でトップクラスの街で、本の売上げも多い。そして、この街に暮らしている多くの勤労者が都心で働いているわけですが、そういう人たちは都心の書店でも本を購入します。それでも市内の書店からも本を買っています。アンケートを取ったところ、図書館利用者の八八・八パーセントが書店からも本を買い、その金額は月に二四〇〇円になることがわかりました。数字で見ますと、書店の売上げの六割から七割を図書館利用者が支えているとも言えます。つまり、図書館と書店は共存できるのです。

表4-5　司書のいない図書館

図書館区分	図書館数	専任司書がいない図書館数（割合・%）
県立	65	1(1.5)
23区	207	27(13.0)
政令指定都市	163	22(13.5)
市立	1,226	218(17.8)
町村立	990	358(36.2)
計・平均	2,651	626(23.6)

社団法人日本図書館協会資料より

これは、浦安市に特別、本が好きな人が暮らしているからではありません。利用しやすい図書館が存在して、それによって自分に必要な情報を積極的に求めることの大切さを知った人が増えてきたからなんです。同じ千葉県の成田市でも、図書館の貸出率と書店の売上げの関係は、浦安市と同様の結果が出ています。

最近では、図書館が書店の売上げを阻害しているといった声も聞かれますが、図書の購入費は年々削られ、市民から要望のあった新刊ですら満足に買えないのが現実なのですから、それは見当違いというほかありません。ほかの国々が、図書館を充実させて国の力を強くしていこうとしている時代に、日本では逆に図書館を衰退させようという動きすら感じてしまいます。そして、その影響を最も受けるのは国民です。

現在、浦安市には七つの図書館と一台の移動図書館がありますが、それらを通じて情報の共有化として取り組んでいることは、まず図書館の基本である資料の貸出です。仕入れ先である本屋さんが選んだ本を並べておくだけの図書館と、市民ニーズを把握して、それにふさわしい本を厳選している図書館とでは、使い勝手が違ってきます。それが、先ほどの年間一人当たり一二・五冊という数字にも反映されています。それだけでも専門職が必要だとわかっていただけるのではないでしょうか。

それからリクエストに応えるということ。「こういう本や資料がほしい」という要望に対して、貸出中の本であれば予約を受付け、図書館になければ買うか、ほかの図書館から借りて貸出ます。現在、年間約七万件のリクエストがあります。

そのほかに、レファレンスというサービスがあります。「こういうことが知りたい」という問い合わせに対して、司書が、「それは、この本とこの本に参考となるものが書かれています」と答える、調べもののお手伝いです。ところが、こういうサービスを図書館でやっていることを知っている人は少ないし、それにきちんと応えられる図書館も少ないのが現実です。本来の図書館の在り方からすれば、これこそが図書館らしい支援の仕方です。「自社ビルの屋上にネオンサイン塔を取り付けたいのだが、積算の参考になる資料はないか」「子どもが難病になったのだが、どこの病院にかかるのがいいだろうか」「銀行が完全自由化された場合にどういう経営戦略を取ってくるのかを企業としては気になるので、アメリカの銀行の事例を知りたい」といった問い合わせが、年間約一一万件も寄せられれば、やはり、専門職がいないと無理でしょう。しかし、そういう要望に対して情報を提供できなければ図書館の意味がありませんし、国を支えていく情報提供機関にはなれません。ほかの国々はそれをやっていますし、あるいはやろうとしているわけですから、日本でもできないはずがないのです。

6　専門職だから支えられる市民の生活

私たちは、一〇年ほど前から「大人の図書館」をめざすことを明確に掲げてやってきました。それは、図書館の利用状況を調べてみて、大人の利用者が子どもの利用者の三倍もあることがわかったからです。利用される納税者のために、きちんとしたサービスを提供しようという、当たり前のことをやりはじめたわけです。

しかし、大人のための図書館といっても、単に大人が読む本を並べるだけでは意味がありません。そういうことをすれば、ますます予算が削られるだけです。そうではなくて、むしろ逆に、少しコストをかけて、もっと大きな効果を生むようにしたほうが、将来的には社会に対してより大きなものが還元できるわけです。情報を必要としている人をターゲットにしよう、その人たちのニーズを受け止めよう、そのための窓口をきちんと設けよう。そうすると、土曜日・日曜日には、「案内係」と書いた札を付けた職員がフロアを歩き、困っている市民がいたら、こちらから声をかけるというフロアワークサービスが自然なかたちで出てきます。

その結果、いまでは大人の利用者が子どもの利用者の約五倍、中央図書館に限っては約六倍という状況が現れています。

最近では、ビジネスに直結するニーズが増えてきたために、独立や創業をめざす人たち、新事業進出を考えている中小企業の経営者の人たちにビジネス支援サービスも始めました。そういうニーズを受け取ったことと、図書館が、そのビジネスニーズに応えられるだけの重要な情報収集の拠点となりうる場所だと確信するから始めたわけです。倒産件数も、自殺する経営者やサラリーマンも増えている中で、ひょっとしたら自殺しないですむ情報がどこかにあったかもしれません。そういうことも、図書館は重大な問題として認識するべきだと思っています。

だからといって、子どもの利用者をないがしろにしているわけではありません。中でも幼稚園・保育園・学校への出張読み聞かせは、子どもたちに対するメインのサービスとして位置づけています。子どもへのサービスの研修を積んだ専門の司書が、年間七〇〇回以上出かけていって、本の提供と読み聞かせをやっています。毎日三ヵ所くらい出かけていますから、年間で二万人以上の子どもたちに会っていることになります。これを十数年間続けています。そして、その子どもたちが、大人になっても本が好きで、図書館に通ってくるのです。

入院中の患者さんやハンディキャップのある方の自宅に本やカセットテープやCDを届けるサービスも行なっていますが、それも単に届けて終わりというのではなく、その人たちの話し相手になったり、本の話をしたりしながら、そういう人たちが本当に求めている情報はなにかを聞き出してくるようにしているのです。そうすると、本当に必要とされているものは、小説やその録音テープなどではなく、健常者以上に仕事の情報や基本的な生活に必要な情報が求められているということがわかってきます。

全盲の方で、パソコンを使って仕事をしている方がいらっしゃいますが、パソコンは、次々と新しいハードやソフトが出ますから、入れ替えなければなりません。そのときに、司書がその方の家に行って説明書を読みます。すると、その方は自分で点字でメモを作って、使い方を覚えて、仕事をして、収入を得て、生活をしていくことができる。そういう生活支援を司書はやっているのです。

「それは家族でやることだ」と言う人もいるかもしれませんが、そういう人を社会全体で支えていかなければ、いつまでたってもその人は福祉の対象者として税金を使うだけの、自立しない人になってしまうわけです。本人にとっても社会にとっても、それは決してプラスではありません。経済的に自立すれば納税者になれるわけですから。ですから、そういう方には担当者を決めて、顔見知りになってもらって、同じ職員が何年もコミュニケーションを重ねていくようにしています。そうしなければ、きちんとした情報を提供できません。

図書館は司書が運営するという、外国では当たり前のことが日本で実現しないのは、専門職を減らそうという考えがあるからです。一般行政職だけで運営したほうが効率がいいという理由から、なるべく少ない人数で賄おうとしているわけです。しかし、コスト優先で大切なものを失っていること、マイナス効果になっていることを理解してもらいたいと思います。やはり専門職でなければならないことがあるのです。

本を好きな人の多くは、自分の好きな本を人に薦めたくなるものです。それは、人間が、知識・情報を共有化したいという欲求を根源的なところでもっているからだと思います。世の中をよくしていくこと、これがあれば人々が助かること、そういうものをもっていたら伝えざるをえなくなるような遺伝子が、人間には組み込まれているのではないかと思うのです。理屈としての「情報の共有化」を言う前に、そういう本質的なものが人間にはあるのだと信じます。

なにか知らなかったことがわかったとき人間は、周りが明るく見えたり、体温が上がったりします。体内の物質代謝が変化するわけです。これも遺伝子に組み込まれているのです。そして、また知りたいと思うようになる。そうやって人類は発展してきたのだと思います。それを最も効率的に実現しようとしているのが、公共図書館というシステムだと私は思っています。

図書館にいると、市民の喜ぶ表情が見て取れます。中には、わざわざお礼を言ってきてくださる方もいらっしゃいます。人に喜んでもらう。これを一度味わうと、もう抜けられません。今、私は、市民に直接応対する現場を離れ、図書館を利用してもらうシステムをつくる側にいますが、それでも、一度味わった喜びがあるから、こうして図書館の仕事を続けていられるのだと思います。

第五章　公共図書館経営の課題

1　はじめに

全国において毎年五〇～一〇〇館の公共図書館が建設され続けている。全国の自治体が財政的に困難な状況にあって軒並み公共施設の建設が減少しているなかで、図書館だけは着実に館数を増やし、この一〇年間で約一〇〇〇館の増加をみている。このことは、図書館に対する市民のニーズがこれまでになく高まっていることを示している。理由として考えられることは、次の二つである。

①横並びの社会から「自己判断・自己責任」型の社会へ移行しはじめている日本の状況のなかで、市民が自己判断のための情報の必要性に気づきはじめていること。

②パソコンの普及・インターネットの進展などによって、従来、情報の有効性に対して観念的な

理解にとどまっていた市民の多くが、インターネットを実務に利用することなどを通じて情報そのものの有効性に気づきはじめていること。

こうした事実から言えることは、市民が情報の必要性と有効性を認識すると同時に、電子メディアを利用できる環境を求めている、ということである。現に、図書館の現場においても情報に対する要求が多様化し、しかも電子メディアによるサービスを求める声が高まっている。アメリカにおいても、公共図書館が電子メディアを積極的に導入することによって新しい利用者を大幅に増加させている。

これらの変化を前提として、公共図書館への電子メディア導入にともなう政策、財政、人事などに関する課題についても公共図書館の経営の視点から考えてみたい。

2　公共図書館の理念

図書館の経営にとって最も重要なものは理念である。理念にもとづいて政策がつくられ、サービスのあり方が決定される。『市民の図書館』において述べられている全域奉仕、貸出の重視、児童へのサービスの重視という公共図書館の理念は、現在においてもその重要性を減じてはいない。

ただし、図書館が扱うメディアの種類が増加しつつあることから、「資料を提供する」という表現だけでは、市民に対して図書館の機能を十分に表現することが困難になりつつある。公共図書館の理念が市民による知識・情報の共有化にあること自体は不変であるが、そのための手段が印刷媒体ばかりではなく、電子メディアなど「さまざまな知的資源による情報の提供」へと多様化しつつあることを再確認する必要がある。

3　ハイブリッド・ライブラリーに不可欠な三要素

インターネットが発達すると本がなくなる、と真しやかに伝えられたことがあった。しかしながら、現在では立花隆氏などの発言にみられるように、電子メディアによる情報収集の限界が指摘され、印刷媒体の有用性に対する再評価が行なわれている。また、人類の知的遺産の大半は印刷物のなかに存在しているが、それらをデジタル化する試みは、日本ばかりでなくアメリカにおいてさえほとんど行なわれていない。したがって、最も効率的な情報収集の手法は、「電子メディアと印刷媒体の双方を組み合わせて利用すること」であることは明らかである。そして、この二大情報源がマスとして同時に存在する空間は、当面の間、図書館に限られるであろう。

実際にアメリカにおいては、利用者用のＷｅｂ端末を大規模に設置したことにより、利用者が万単位で増加した図書館も少なくない。「良質な図書のコレクション」と「十分な台数のＷｅｂ端末」さらに「印刷媒体と電子メディアの双方に詳しい専門性の高い司書」という三要素を有機的に結合させて市民に提供できる図書館については、これまでにない大きな可能性が期待できるのではないか。複数の要素を組み合わせることによって何倍もの効果や機能を発揮するという意味で、ハイブリッドな図書館といえるのではないかと考える。

4　図書館政策の必要性

わが国の行政は、三割自治だといわれる。これは自治体の自主財源の状況を表すと同時に、行政事務の自主性の度合いを表す言葉でもあるといわれる。七割については、以前「機関委任事務」、現在は「法定委任事務」と呼ばれ、本来国・県が行なうべき行政事務を市町村が肩代わりする事務を指す。これらの業務については、当然のことながら国と県のレベルにおいて政策が存在し、さまざまな法や条例、達成基準や具体的な内容に踏み込んだ取り決めなどが規定されている。

一方、図書館については国・県レベルにおける政策がほとんど存在しないうえに、各自治体における図書館経営についての蓄積が少なく、後述するように財政的、人事的課題も少なくない。したがって、公共図書館ではハイブリッド化ばかりでなく、基本的な整備についても課題は予想以上に大きいと考えるべきである。

アメリカのゴア前副大統領が策定した「情報ハイウェイ構想」などを見るまでもなく、地方分権、地方自治の優先されるアメリカにおいてさえ、国レベル、州レベルにおいて図書館政策が策定され、具体的な施策が実施される結果、カウンティ（郡）や自治体の図書館が政策的に育成されていることに注目すべきである。国民の要求に合わない強権的な政策が行なわれることは避けなければならないが、国民の多数の意思が本当の意味で反映されて形成される図書館政策が必要なはずである。アメリカでは年に一回、図書館関係者、地方の議員、各地の図書館友の会の会員などがワシントンに集まり、上院下院の議員に対して図書館予算の増額などを働きかけると聞く。日本においても図書館政策の必要性をアピールするために、アメリカのような市民による国政レベルのロビー活動が不可欠であろう。

5 財政的な課題

前述の「法定委任事務」の執行に必要な予算は、一般的に「義務的経費」と呼ばれる。これは、法的規制があるので市町村における財政上、最優先で予算化される。一方、図書館のように法的規制のない行政分野に関する予算は「義務的経費」ではないために、予算上の優先順位が決定的に低くならざるをえない構造的な問題が存在している。さらに、現在のように不況による税収の落ち込みが大きな状況では、図書館の予算が必然的に縮小されることとなる。

アメリカでは図書館に対して投入される公費の額は、年間日本の約四、五倍にのぼるといわれている。一人当たり二・五倍である。しかも、目的税(図書館税)であることが多いために、自治体の全体の財政的影響を受けることが少ない。また、国家的な図書館政策および国・州からのさまざまな補助金制度が存在するために、電子メディアの導入も容易である。

図書館の経費については、受益者負担を求める論議が存在する。とくに電子メディアの導入に関しては有料化を支持する声が少なくない。しかしながら、情報格差の解消のためには、安易に経費を利用者に転嫁すべきではないと考える。アメリカにおいても、延滞料などさまざまな反則金や利用対象外の利用者からの使用料徴収などについては躊躇しないが、その一方で、データベースの使用については情報格差の解消のために無料とする図書館が多い。

データベースの使用料については、複数の図書館で連携して負担するなど工夫の余地があろう。たとえば、二〇館の図書館が一館当たり年間五〇万円支出すれば一〇〇〇万円になる。一〇〇館が一〇〇万円ずつ支出できれば、一億円となる。またデータベースのベンダーにおいても、小口のユーザーを多数管理するより効率的に収益を得られるなどメリットが存在するはずである。

まず、わが国の図書館において国民に何をどのように提供するのか、そのためにどの程度のコストが必要かという、国民の意思にもとづいた国家的な図書館政策があってはじめて、経費の負担の妥当性についての論議が成立するのではなかろうか。

6 人事的な課題

ニューヨーク公共図書館の副館長は、「電子メディアによるサービスを実施するためには、優秀な職員の採用と再教育が何よりも重要だ」と強調している。現に、アメリカの好景気を反映して優秀な司書がより収入の多い他業種へ転職してしまうケースが増えているという。こうした事実から、図書館のサービス低下を危惧して査問委員会が開かれるほど専門職の必要性に対する認識は高い。

日本では、行政改革における人事政策で「専門職や専門的職種を削減することによって人事の効率化が図れる」としている。国・県が市町村に対して強力にこうした行政的指導を実施していることもあって、専門職員を継続的に採用する制度を持つ自治体は極端に少ない。このため、市町村の首長が専門職の重要性を理解して司書を配置したとしても長期的・継続的に採用しつづけることは困難である。

しかしながら、ハイブリッド・ライブラリーを実現させるためには、印刷媒体と電子メディア双方に詳しく、しかも利用者に対する情報提供に関して高いモチベーションをもつ優秀な司書の存在が不可欠である。一自治体での専門職制度が人事的停滞をもたらすことを危惧するのであれば、複数自治体により人事組合を運営し、広域での人事交流を実施するなどの方法もあるはずである。以上の点から人事的な面においても、国家的政策が必要とされる。

7 施設・設備に関する課題

建築家は、「図書館が将来にわたって電子メディアを使いこなすためにはどのような設備が必要であるか」ということについて、必ずしも十分な認識を持っているわけではない。たとえば、配線用の配管はとくに指示しない限り内線電話のケーブル用の細い配管のみで設計されてしまうことが多く、直角に曲げることができないイーサネットや光ファイバーの配線への配慮がなされないといった類の事例がよくある。また、Ｗｅｂ端末の位置と案内カウンターやレファレンスカウンター、各書架の相対的な位置など、印刷媒体と電子メディアを融合させたサービスを行なうためには従来の図書館とは異なった建築的な配慮が設計の段階から必要となる。利用者の持ち込みのパソコンや図書館で貸し出すパソコンを館内で自由に利用するためには開架室全体に情報コンセントや無線ＬＡＮの設備が必要であり、情報リテラシーのための講習会を開くためには館内の各部屋にイーサネットなどの配線が必要となる。以上のような点については施主から明確に提示する必要があるので、図書館について詳しいばかりでなく、インターネットやコンピュータにも詳しい司書が計画段階から参加することが不可欠である。

そして、既設の図書館においては外部からの光ケーブルなどのデータ線の引きこみ工事や館内の配線工事、無線ＬＡＮ設備などが必要となり、美観に配慮すればかなりの支出を覚悟しなければならないであろう。浦安市立図書館においては、二〇〇一年度中に、利用者用に据置のパソコンと館内貸出用パソコン、持ち込みパソコン用情報コネクターなどを準備して、パソコン一五台程度が同時にインターネットに接続可能な環境を整備する予定である。

8　アウトソーシング・ボランティア・NPO

アウトソーシングやボランティアの導入を検討する際にまず考えなければならないことは、アメリカの図書館においては日本の四、五倍の公費と莫大な寄付金によって運営されているという事実である。高度で多様な利用者の要求に対応するためには、相応なコストを要することを認識する必要がある。

一方、わが国においては、委託であれ、アウトソーシングであれ、それを利用してサービスが向上したという実績はない。その理由は、コストの削減を主たる目的として図書館業務の質を度外視した試みになっているからである。サービスの質は無論のこと、量的な面においてさえ実績をあげえていないのである。専門的な業務を担う職員には高いモチベーションが必要とされるが、コスト削減のために収入・労働条件が不十分となっている環境では、モチベーションを高めることは困難であろう。印刷媒体と電子メディアと専門性の高い司書による高度な情報提供サービスが求められる状況においては、アウトソーシングやボランティアの導入は慎重に検討すべき課題だといえよう。とくに高度な情報提供サービスを行なうためには、アメリカの図書館の例にみられるように、司書がマネジメントを総合的にコントロールしなければ、業務を効果的に実施することは困難である。まずは有能な司書を当然必要とされる人数、配置することが先決である。

また、「ボランティア職員」あるいは「ボランティア養成」などという表現が使用されるように、行政はボランティアをあたかも無償のアルバイトとみなしているかのような風潮が存在している。市民の側においてもこのような風潮に疑問を感じないばかりか、自らを行政の下請けと任じる場合も少なくない。アメリカでは、そもそも既成の行政組織が未発達であったために市民が地域社会を支えてきた歴史があることから、市民自らがコミュニティを運営しようとする意識が強い。したがって、ボランティア活動についても行政の下請けではなく、コミッティやボードと呼ばれる、市民が行政を直接運営するための組織に参加したり、議員に市民の要求を理解させるためのロビー活動に参加するなど、地方自治そのものをコントロールしようとする傾向が強いといえる。その一方で、専門職には専門外の人間には扱えない高度な業務に専念させ、ボランティアがその分野に踏み込むことはない。

日本においては、そもそも行政内部に専門的職員が少ないため、担当職員よりもボランティアの方が専門性が高くなる場合が少なくない。そして、本来専門的職員が行なうべき業務にボランティアが踏み込むという「ねじれ現象」も珍しくない。ハイブリッド・ライブラリーにおけるボランティアに関しては、あくまでも専門性の高い司書を補助するものとして、Ｗｅｂ講習会や館内におけるパソコン操作の援助、信頼性の高いサイトやデータベースを見つけ出して利用者に使いやすいリンク集を提供する際の補助など、いわゆる知的ボランティアとの協同作業が考えられる。

ＮＰＯに関しても、日本においては、すべてボランティアの集団であるかのように誤解されている面がある。しかし、ニューヨークの公共図書館を例にあげるまでもなく、サービスを行なっている司書は、正規に雇用された高度な専門性を備えた専門職でなければならない。

以上のように国によって、ボランティアやＮＰＯの概念は大きく異なる。したがって日本特有の問題を看過することにより、安易にボランティアやＮＰＯの導入を図った結果、図書館そのものが脆弱になり、サービスの質が低下するような選択があってはならない。

9　行政評価

現在行政の内部においては、さかんに行政評価の必要性が叫ばれている。しかも、これまで評価することが困難といわれてきた、行政サービスにおける「質」の評価の重要性について国・県からの指導も繰り返し行われている。従来、図書館においても「質」の評価については必ずしも十分に行なわれてはいない。

とくにハイブリッド・ライブラリーの存在価値は、提供する情報の内容と情報支援サービスの「質」にある。「質」の評価が行なわれなければ、コストの妥当性や専門性の高い司書の必要性が認識されず、安易な委託やボランティアの導入が行なわれてハイブリッド・ライブラリーの存在そのものが危うくなるであろう。

公共図書館の現場においてきめの細かい利用者調査を繰り返し実施し、満足度など「質」の評価に関するノウハウを積み重ねて、情報の「質」やサービスの「質」を第三者にも理解できる形で表せる評価の方法を図書館界としてつくり出す必要があると思われる。

ニューヨークのＳＩＢＬが開設された理由は、利用者に対するさまざまな調査（行政評価）から利用者の側に高度な情報ニーズが存在するにもかかわらず図書館が十分に対応していないことが判明したからである。図書館経営における最も重要なものは、理念。そして、二番目に重要なものは理念をどの程度実現できたかを評価することであろう。

第六章　公共図書館におけるビジネス支援サービスの現状

1　はじめに

わが国は、「自己判断・自己責任」型の社会へ移行しつつある、といわれている。企業の九〇％以上を占める中小零細企業が、大企業の系列をはずれ未経験の「自己診断・自己責任」の状況に直面しつつある。一方、失業率が五％を超え図書館にも失職中と思われる市民の姿を見かける。素朴に図書館でもできることは、と思わざるをえない。身近なビジネス支援サービスについて考えてみたい。

2　浦安市立図書館における経緯

約一〇年前より「大人の図書館」というコンセプトのもとに、従来より要望の多かったビジネス関連の図書や新聞、各種統計、年鑑、政府刊行物などを積極的に収集し、レファレンスをはじめとするサービスの見直し、利用者と接する窓口の改善、組織の変革を実施した結果、成人の利用が大幅に増加し、レファレンスにおいても「自社ビルの屋上にネオンサイン塔を設置したいが、積算の資料はないか」というような事例が増えて、明らかに業務上の問題を解決するために来館しているとみられる利用者の増加が顕著であった。

また、利用者調査の結果、一般勤労者と自由業に関しては「仕事と研究のため」に来館する割合がそれぞれ四九・〇％、六八・七％であり、図書館のサービスが「仕事上のことで役に立った」割合は、それぞれ四六・七％、五八・三％であった。

さらに、仕事に必要な資料が利用できる図書館があることから転入してくる市民が少なからず存在することが判明した。以上のことから、市民の自営業者や勤労者の経済活動に対して一定の効果をあげつつあることを、市長部局、議員、一般市民にアピールし、図書館における経済活性化の機能に対する認識を促す必要性を感じていた。

菅谷明子氏の図書館についての初めての講演会の開催を経て、ビジネス支援図書館推進協議会（以下協議会）の設立に参加する。

3　協議会の経過

二〇〇〇年一二月二八日　発足。
二〇〇一年中小企業総合事業団より、新事業支援開拓助成金を受ける。
同七月二日　公開シンポジウム開催、東京電機大学二七四人参加。
同九月二九日より浦安市立図書館との共催でセミナーと個別相談会を実施。
同一〇月一九日　秋田県横手市ふれあいセンター。
二〇〇二年九月二三日　経済産業研究所と共催で、公開シンポジウム開催、一ツ橋記念講堂約四〇〇人参加。
同八月一三日、一〇月一三日からそれぞれ浦安市立図書館、小平市図書館においてセミナーと個別相談会を開催中。

この間、協議会の基本文献調査委員会において一三分野についての基本文献の解題リストを作成するとともに、Ｗｅｂ上の関連コンテンツに関する資料の作成を進めている。

4　事業の実施状況

浦安市立図書館

浦安市立図書館では、二〇〇二年度協議会と共催により、セミナーと個人相談会を実施。

第一回　九月二九日（土）

　セミナー『Ｗｅｂ活用＝前編』四三人

　情報検索（Ｗｅｂ）相談会　四人

第二回　一〇月二〇日（土）

　セミナー『創業の基礎＝前編』二〇人

　創業相談会　四人

第三回　一〇月二一日（日）

　セミナー『Ｗｅｂ活用＝後編』二八人

　情報検索（Ｗｅｂ）相談会　四人

第四回　一一月四日（日）

　セミナー『データベース活用法』四三人

　情報検索（Ｗｅｂ）相談会　二人

第五回　一一月一一日（日）
　セミナー『Ｗｅｂ活用＝前編』三四人
　情報検索（Ｗｅｂ）相談会　三人
第六回　一二月九日（日）
　セミナー『Ｗｅｂ活用＝後編』三七人
　情報検索（Ｗｅｂ）相談会　四人
第七回　一二月二二日（土）
　セミナー『大学発ベンチャーへの挑戦』二七人
　産学連携相談会　三人
第八回　一月一九日（土）
　セミナー『図書館を利用してビジネスのアイディアを考える』四六人
　ビジネスプラン相談会　五人
　Ｗｅｂ検索相談会　七人
　開業・法人登記相談会　六人
第九回　二月二日（土）
　セミナー『特許活用の基礎』三五人
第十回　二月一六日（土）

セミナー『特許調査の基礎』三八人
ビジネスプラン相談会　六人
Web検索相談会　四人
特許・商標相談会　六人

二〇〇三年度

第一回　八月三一日（土）
セミナー『図書館活用セミナー＝浦安編』二二人
第二回　九月八日（日）
セミナー『図書館活用セミナー＝首都圏編』三一人
第三回　一〇月一九日（土）
セミナー『マーケティング調査　入門編』四七人
第四回　一一月二日（土）
セミナー『大学からの技術移転とベンチャー創生』一七人
第五回　一一月三〇日（土）
セミナー『会社が倒産するとき、なにが起こるのか』三一人
第六回　一二月五日（木）
セミナー『私の起業体験＝働きたい主婦この指とまれ』一八人

第七回　一月一八日（土）
セミナー『マーケティングリサーチ初級編＝情報源の有効活用』七〇人
第八回　二月一五日（土）
セミナー『ビジネスプラン作成の基礎』
ビジネスプラン相談会&マーケティング調査相談会

市の商工観光課、市民活動支援課、商工会議所、インキュベーション事業を展開している大学などとの連携も行なっている。

秋田県立図書館

・地域活性化コーナーの設置
行政資料七〇〇冊、企業関係資料五〇社の収集提供、就職、転職資料の提供
・ＩＴコーナーの設置
有料ＤＢの導入（新聞記事、雑誌記事索引ＤＢ）
・公開シンポジウム　二〇〇二年一〇月一九日　横手市　一〇二人
・図書館利用講座の開催
・特許セミナー、ＩＴ活用について　図書館利用者に対し開催
二〇〇二年一一月、一二月　定員二〇名　二回開催

・起業家セミナーの開催
・専門機関との連携
　県内専門機関六団体と相互に蔵書リスト交換及びパンフレットの提供を行なった。
　ビジネス版レファレンス資料案内の作成

小平市立図書館

第一回　一〇月一三日（日）シンポジウム『えっ？ほんと！　図書館でビジネス支援』九八人
第二回　一一月九日（土）『ビジネス情報機関および情報の利用法』四八人
第三回　一二月一〇日（火）『あなたも仕事を始めてみませんか「私の起業体験—働きたい主婦この指とまれ—」』五二人
第四回　一月一九日（日）『図書館を利用してビジネスプランを練る』四三人
第五回　二月二三日（日）特許とビジネスプランの個別相談

　浦安市立図書館と小平市立図書館では、創業をめざす市民グループが各々発足し、各図書館と連携して活動を開始している。

5　公共図書館におけるビジネス支援サービスとは

ビジネス支援サービスは、「ビジネスに携わる人への支援」を意味する。まずは、来館した目の前の利用者が必要とする情報を徹底して提供することが重要である。また、そうでなければ市民の信頼を得ることはできない。仕事に収入のみを求める人間はいない。仕事を通じてしか自己実現を図れない人も多いはずである。ビジネス支援サービスは、企業への奉仕ではなく、そこで生きる個人への支援である。また大企業ではなく、町の花屋さん、豆腐屋さんのような、商店主、地場産業の経営者、サラリーマンがまず対象である。

6　利用者側の意義

図書館は、日常的に、気がねなく、誰でもが利用できる施設である。そのような施設において、多様なビジネス情報と関連情報を入手できることはきわめて重要である。他のビジネス支援施設と比べて、図書館の情報提供の特徴は、ビジネスに特化していないことである。逆説的にいえば、だからこそ有効だといえる。特に、創業時のさまざまなアイディアを検討しなければならない時期、あるいは起業経営が安定した後のさらに発展をめざす転換期には、図書館の一見無秩序で多様な資料が自由な発想を触発する。方針が明確になれば特化した施設から特定の情報を入手すればよいのである。

7　図書館側の意義

専門的な知識、経験をもつ職員と良質なコレクションを有する図書館においては、従来より質の高いレファレンスサービスが実施されており、図書館員が意識するか否かは別に、すでにかなり高度なビジネス関連情報の提供が行なわれてきたが、従来まったくと言っていいほど評価されることはなかった。

本来、図書館として当然の機能が、現在の社会の課題を解決できる可能性があるのならば、正当な評価を受けるためにアピールすることは重要である。なによりも問題を抱えた市民が図書館を利用することを促すことになる。また、図書館の重要性は認識しつつも、財政的、人事的措置を行なう適当な理由を見出せずにいた自治体においては、たとえば地場産業活性化のための情報提供を図書館が行なうことは、予算執行のための充分な名目となる可能性があるだろう。現に、協議会が発足してからの二年足らずの間に、広島県をはじめとして、静岡県や上田市など複数の自治体においてビジネス支援関連の予算が執行され、また計上されつつある。

サラリーマンの再教育もビジネス支援の重要な課題だが、この分野には、厚生労働省からの補助が、行政執行を円滑に運ぶための首長、行政マンへの情報提供、議員活動に対する情報サポートには総務省の補助が見込めるのではなかろうか。

また、予算の面ばかりでなく従来接することのなかったビジネス、経済系の人々との交流を通じて、他分野のノウハウやスキルを得ることは図書館運営にとって非常に有益なことである。

8　課題

ビジネス関係に特化した資料を収集し、商工観光課などの企業支援関連の職員を配置することにより、短期的には一定程度の効果は確かに期待できる。しかし、前述の通り、ビジネス支援において必要とされる図書館の機能が、多様で高度な情報の提供であるとするならば、全般的な資料の収集とリクエスト、レファレンス機能の充実を図り、専門職員の配置と再教育に重点的に取り組む必要がある。

9　図書館政策

アメリカにおいては、ニューヨークのＳＩＢＬのような、ビジネスに特化した図書館ばかりでなくとも、「ビジネス&キャリア」というようなコーナーを設置している図書館が珍しくない。また上海の図書館には世界中のビジネス関係の新聞、雑誌が収集されている。

一九九八年に欧州会議で決せられた「現代社会における図書館の役割に関する決議」には、ヨーロッパの経済の統合と発展のために図書館と司書が不可欠であることが述べられている。レベルの高いビジネス支援サービスを実施し、経済活動の活性化を図るには国レベルの情報政策が必要とされる。

10　おわりに

一一月三〇日の浦安のセミナーにおける八起会（倒産後、立直った経営者の団体）の長谷川記一氏の講演で印象に残った言葉がある。ものの考え方が変わらないと「何度でも倒産をくり返す」のだそうだ。

公共図書館の情報提供の働きは、創業や企業経営に直結する情報を提供するだけでなく、経営のコンセプトや取組みの姿勢を見直し、さらに経営者やサラリーマンの生き方の自己点検を促す力を潜在的に秘めている点が重要である。自殺者の人口に占める率が世界一となった現在、ビジネス支援は、生き方支援でもある。

参考文献

伊藤昭治他「日本の公共図書館でビジネス・ライブラリーは成り立つか」『図書館界』一九八一年九月号（三三巻三号）
日本図書館協会『図書館のめざすもの』一九九七年
岡部一明「アメリカ：公共図書館の商業データベース提供」『現代の図書』一九九九年六月号
菅谷明子「進化するニューヨーク公共図書館」『中央公論』一九九八年八月号
菅谷明子「アメリカ公共図書館最前線　一　市民のための情報インフラとして」『図書館の学校』二〇〇〇年一二月号
進化する図書館の会『進化する図書館へ』ひつじ書房二〇〇一年
松本功『税金を使う図書館から税金を作る図書館へ』ひつじ書房二〇〇二年
「特集：ビジネス支援事始」『みんなの図書館』二〇〇二年六月号（三〇二号）
ビジネス支援図書館推進協議会のＵＲＬ：www.sangyo-npo.jp/library/
関連情報：www.rieti.go.jp/

第七章　公共図書館は出版界の敵にあらず

書籍の販売点数の低下の原因を図書館における貸出点数の増加に求める論調が、作家や出版社など出版界に存在している。目についたものだけでも、「図書館は無料貸本屋か」（林望『文藝春秋』二〇〇〇年一二月号）、「図書館栄えて物書き滅ぶ」（楡周平『新潮45』二〇〇一年一〇月号）などがある。

しかし、日々の業務のなかで図書館資料の流れを知る者としては、図書館における書籍の貸出が書店の売上げを阻害する要因になっているとは思えない。実際は、さまざまな自治体で公共図書館の資料費が年々大幅に削減されている。それなのに、なぜ公共図書館が作家や出版界を脅かしているかのような論調が絶えないのか。本来なら、同じ本の世界に身を置く者同士として手を結ぶべきである図書館界と出版界・書店業界との間で、なぜ、そうした誤解が生じるのか。

両者の間で建設的な共同作業を行なうためには、まずこの誤解を払拭する必要があると考える。そのためには感情論を避け、冷静に議論をすることが大事だろう。そこで、図書館にまつわる統計やアンケートをもとに、少し考えてみたい。

1　新刊やベストセラーばかり貸出しているわけではない

多くの方が「図書館は新刊ばかりを貸出している」と考えているようだが、実態はそうではない。浦安市立図書館を例に、具体的に数字をあげてみたい。

二〇〇一年の浦安市立図書館における年間貸出点数は、約一四四万点である。浦安市の人口は現在約一三万六〇〇〇人であり、市民一人当たり年間一一冊の本を図書館から借りている勘定になる。

図7－1は、この一四四万点から児童書を除いた「一般書」の貸出点数約一一二万点を、図書館が受け入れた年ごとにその割合を算出したものである。この統計によると、二〇〇一年に受け入れた本が同年中に借りられた割合は一六％にすぎない。残りの八四％は、二〇〇〇年以前に受け入れられた書籍である。

ここで問題になるのは、「新刊」の概念である。出版業界でも、書籍が「新刊」と呼べる期間がどの程度なのかは、はっきりとした定義がないようである。こころみに何人かの図書館利用者に聞いてみたところ、「新聞に書評が載るまでの一～二ヵ月程度の期間」、「書店の入口近くの目立つ場所に置いてある間」などの答えを得た。こうした市民感覚より長く、かりに「新刊」を書店の店頭から本が返品されるまでの発刊後六ヵ月としても、一六％のうち純然たる「新刊」にあたるのは半分の八%程度、冊数で九万冊程度にすぎないことになる。つまり、図書館における「新刊」の貸出率は、一般に思われているよりはずっと低く、実際は圧倒的に「新刊」以外の本が借りられているのである。このことは、浦安市立図書館の全所蔵図書に対する年間の購入冊数の割合が五・六%にすぎないことからも容易に推測される。

また、「図書館はベストセラーの本ばかりを貸出している」という批判もよくなされる。しかし、数百人からリクエスト待ちが出るようなベストセラー本は、一年に一つ出るかどうかである。また、リクエスト待ちでもいいから読みたいという利用者は、数ヵ月から、はなはだしい場合は一年以上も待つことになる。数ヵ月も待つことをいとわない利用者は、はじめからその本を購入する意欲をもたない、と言っていい。つまり、ベストセラーをリクエスト待ちで読もうとする利用者が、書籍販売の阻害要因となっているとは、やはり考えられないのである。そもそも本の回し読みは今にはじまったことではない。公共図書館がなかった時代、人々は評判になった本を職場や地域でよく回し読みしていた。四〇～五〇人が順番を待っていることは珍しくなかったものである。

図7-1　浦安市立図書館における貸出図書受入れ年度別比（2001年度）

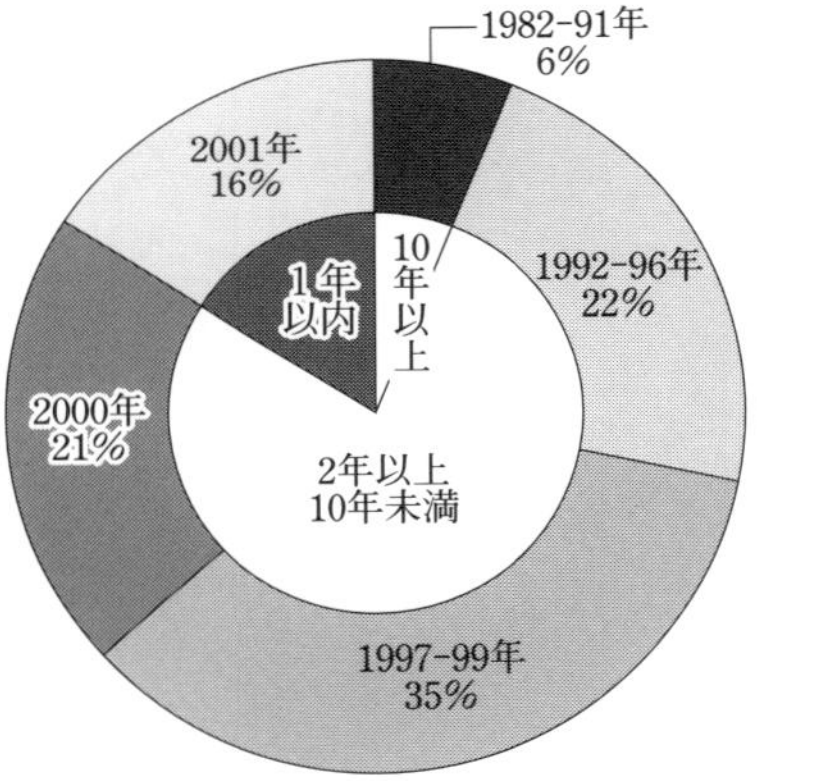

図7-2　書籍の貸出点数と販売点数（1971-2001年）

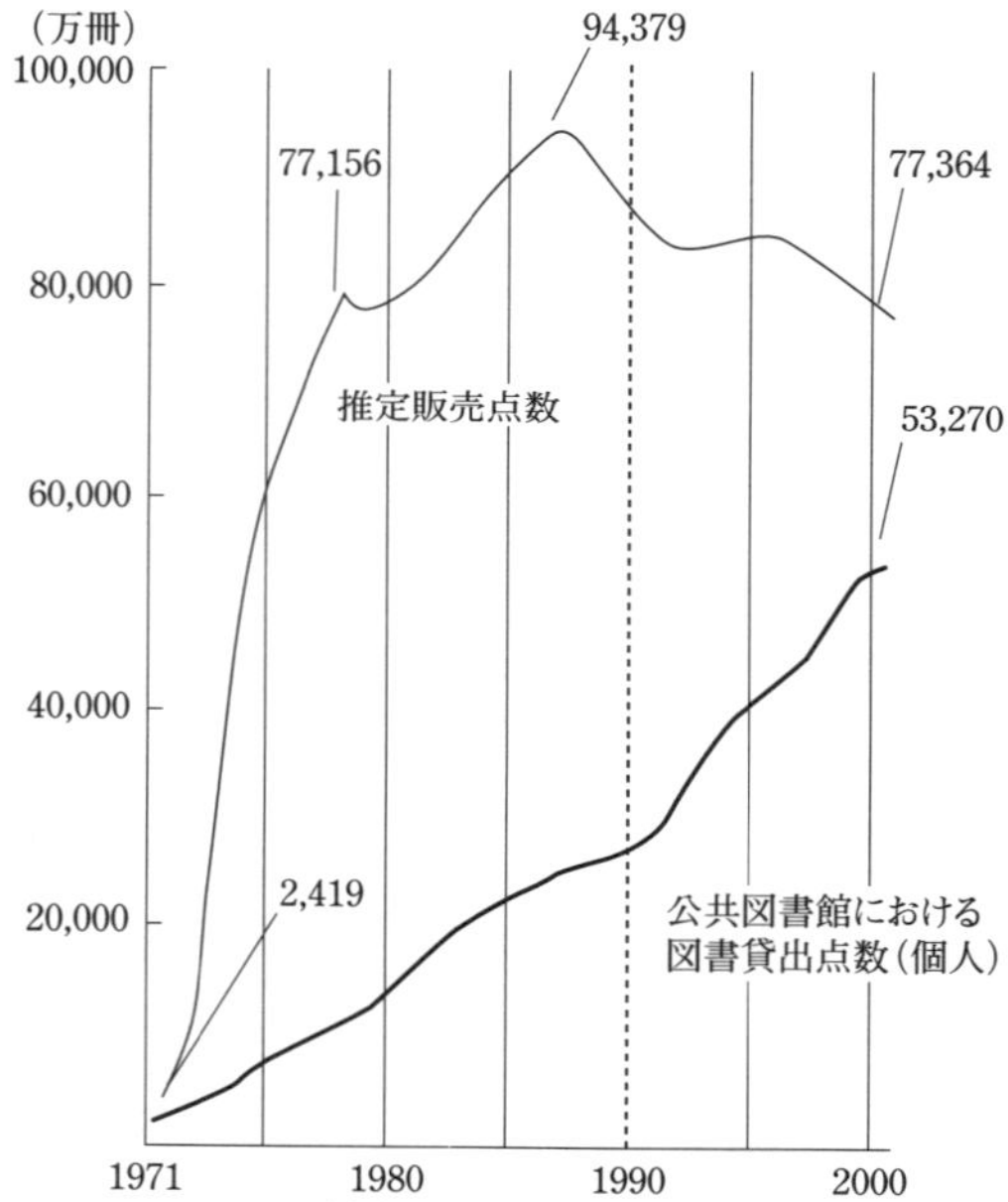

（出版科学研究所,日本図書館協会の統計より作成）

つぎに、一九七一年から二〇〇〇年までの書籍の総販売点数と、図書館における総貸出点数の推移を比較した図７－２を見てみよう。図書館での貸出が販売点数の減少を招いている、という論調の根拠として新聞などが引用するのは、このうち一九九〇年以降の一〇年間の部分のみである。しかし、一九七〇年代を見てみると、図書館の貸出が伸びているにもかかわらず、同時期の販売点数は、より高い増加率を示している。七〇年代は、書店がすでに存在する自治体に図書館が増加した時期である。書店が図書館と競合するのであれば、この頃のほうが売上げが低下しているはずである。

一方、九〇年代の図書館貸出の伸びは、町村立図書館が増加したことに負うところが多い。この時期に図書館がつくられた自治体には、そもそも書店が存在していなかった地域も多く、九〇年代以降の図書の貸出増加が書店での販売を阻害した要因だと考えるのは無理がある。むしろ近年の売上げ不振の主たる原因は、バブル期以降も増えつづける出版点数を市民が買い支えられなくなっているからではないか。

もう一つよく誤解されているのだが、図書館において市民に貸出される図書館資料は、本ばかりではない。図書館協会が発表する貸出点数には、ビデオや音楽ＣＤなどの視聴覚資料や雑誌の貸出点数も含まれている。その比率は図書館によって差があるが、全貸出点数に占める割合はおおむねそれぞれが約一〇％、合わせて二〇％程度と思われる。つまり、本の貸出点数は全体の八〇％程度にとどまる。図7−2に示した二〇〇〇年度の公共図書館における貸出点数は五億三二七〇万点だが、このうち書籍は約四億二六〇〇万点程度である。

2　図書館と書店は役割を分担し合っている

浦安市立図書館は、中央図書館と市内各所に散在する六館の分館、一台の移動図書館とで構成されており、浦安市民の九〇％は、自宅から歩いて一〇分以内にいずれかの図書館へ行き着くことができる。市民の六〇％近くが日常的に図書館を利用しており、市民一人当たりの貸出点数も、購入予算も、全国トップクラスである。したがって、もし図書館が書店の売上げを阻害する存在であるならば、浦安市の書店の売上げは大きく減少し、書店の経営にも影響が表れるはずである。

しかし、浦安市内の書店店舗数は、中央図書館が開館し市民一人当たりの貸出点数が全国第一位になった一九八三年以降増加している。とくに現在六、七店ほどある大型書店は、すべてこの一八年間に開店しており、いまも順調に経営を続けている。また旧通産省の「商業統計表（品目編）」によれば、一九九七年における浦安市内の書店の総売上げは三二億八六〇〇万円で、同規模自治体における書店の平均二九億七八〇〇万円を三億円以上も上回っている。

浦安市は東京都に隣接しており、勤労者の多くは都心に勤め先をもっている。したがって、かなりの本を都心の書店でも購入しているとみられるが、それでも市内の書店でこれだけ本を購入しているのである。同様な現象は、公共図書館の利用が活発なほかの自治体においてもみられる。たとえば成田市（千葉県）は、人口一〇万人未満の自治体において市民一人当たりの貸出点数が全国でトップだが、浦安市同様、市内にある書店の売上げは同規模自治体の全国平均を大きく上回っている。つまり、一般に言われる「公共図書館のせいで本が売れない」という論調とは逆に、「図書館利用が活発な自治体では、図書館が市民の本に対する購買意欲を掘り起こしている」と言えるのだ。

同様の傾向は、浦安市立中央図書館で実施した利用者アンケートの結果からもみることができる（図7－3）。

このアンケート結果によれば、同図書館の利用者の八八・八％は、毎月一冊以上なんらかの本を書店で購入しており、平均購入予算は月額約二四〇〇円である。図書館で本を借りる市民は本を買わない、というのは大きな間違いである。むしろ、両者をうまく使い分けているといったほうが正確だろう。実際、アンケート回答者からは「図書館で借りる本と書店で買う本は種類が違う」という意見が数多く聞かれた。

さらに「図書館の本で内容を確認してから、購入したことがありますか?」という問いには、五六・五%の利用者が「ある」と答え、半数を超えた。この問いに「ある」と答えた利用者と「ない」と答えた利用者をグループ分けして、「書店で、一ヵ月に何冊ぐらい本を買いますか」という設問に対する回答を分析してみたところ、興味深い結果がでた。図書館で確認してから本を買ったことが「ない」グループでは本を「一冊以上」と答えた人は八五・一%、平均購入金額は一六七八円だったのに対し、図書館で確認してから本を買うことが「ある」と答えた人は、九一・七%が「一冊以上」と答えており、平均購入金額も二九七二円と二倍近くにのぼった。

図7-3　浦安市立中央図書館の利用者アンケートより

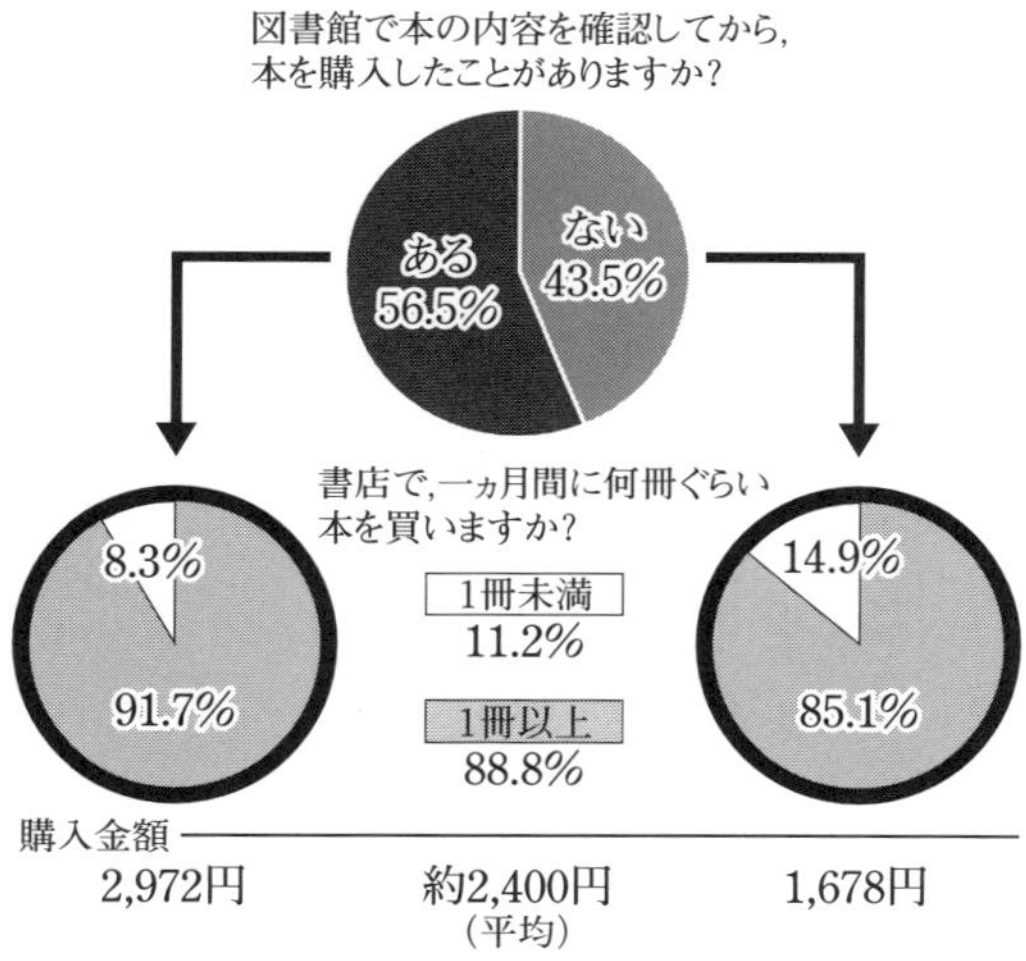

また同じアンケートで「(図書館が存在しないとして）いま図書館で借りている本を購入しなければならなくなった場合、どの程度購入でき

るか?」との問いに対しては、平均でいま借りている本の一六・八%程度しか購入できないとの回答があった。図書館における貸出点数がそのまま販売点数を阻害しているという論調があるが、大いなる誤解である。このアンケート結果からわかるのは、利用者は「無料」で借りられるからこれだけ借りているのであり、自腹を切るとなると六分の一になるということである。

浦安市立図書館の例を仮に全国にあてはめてみると、二〇〇〇年度の「新刊」の売上げに対する貸出図書の阻害率は、同年の書籍の総貸出点数四億二六〇〇万点に、同年度内の受入れ図書の比率である八%を掛け、さらに利用者の購入意思を考慮して一六・八%を掛けた数字となる。その結果は約五七〇万点であり、同年の書籍の総販売点数七億七〇〇〇万点のわずか〇・七四%にすぎない。つまり、図書館の貸出がストレートに書籍の売上げを阻害しているとは、とてもいえないのである。

3 共同して立ち向かうべき課題

作家の林望氏は、冒頭に挙げた記事で公共図書館に対して苦言を呈すると同時に、いまの出版流通システムのもとでは、ひとたび書店の店頭から返品されてしまうと本はほとんど売れなくなってしまうことも指摘している。

林氏のいうとおり、一般市民にとって、新刊のときに巡り会えないまま店頭から消えてしまった本に関しては、得られる情報が皆無に近い。かりに新聞や雑誌の書評を見たり、インターネットなとで書名だけは確認できたとしても、それらの情報に頼って本を購入できるのはごく一部の人たちだ。よほどのことがない限り、普通の市民は手にとって内容を確認できない本を購入対象にはしない。

図書館が果たしている役割の一つは、本の「ショーウィンドウ」である。書店から返品されてしまった本を図書館で手にとって内容を確認し、自分にとって必要な本かどうかを確かめてから、書店で客注する人は多いはずだ。

また、読者が本に求める役割も大きく変わってきている。公共図書館が図書の貸出を始めたばかりの六〇〜七〇年代には、貸出される本の六割が小説などの文学関係だったという。しかし、過去三年間のデータを見ると、浦安市立図書館で貸出される図書のうち文芸書の比率が占める比率は三〇〜三四%にすぎず、それ以外の本のほうが圧倒的に多い。

現場の感覚として、特定のテーマの情報を収集するために図書館を利用する市民が最近は増えている。「活字離れ」が進んでいるというのは間違いだ。ただ、読まれる本が変わってきているのである。そう感じるのは、せっぱ詰まって図書館に飛び込んでくる人が少なくないからだ。書店を何軒も探しまわるより、あらゆる分野の資料が一通りそろっている図書館を利用する方が情報収集の効率ははるかに高いのは当然だ。

以前は、ぶらりと書店に立寄り、たまたま目に付いた本を買うという購入パターンが一般的であったと思う。買い求める本の内容も、「教養主義」的なものが多かったのではないか。そうした時代には、「良書」をきちんと揃えている書店が「良い書店」だという認識が一般的だったのではないだろうか。しかし、人々がいま書店に求めているのは、選ばれた良書が置かれていることではなく、幅広い情報・知識を提供してくれることだ。多様化する情報ニーズを満たすには、三〇〇坪前後の大規模書店でさえ十分ではないかもしれない。

近年は公共図書館も貸出サービスだけでなく、情報ニーズへの対応としてレファレンスサービスに積極的にとりくんでいる。浦安市立図書館でも、レファレンスサービスへの対応は年間一〇万件を超えている。図書館がレファレンスサービスを通して市民に情報の有効性を気づかせることができれば、そのことが本の購入を促す結果につながる、と考える。

ここまで、図書館の現場での実感と具体的な数字をもとに、本当に「公共図書館が出版界の利益を阻害している」のかどうかを考えてきたが、出版界と図書館の対立をあおるつもりはまったくない。じつのところ、出版界と図書館が対立することで漁夫の利を得る勢力が、ほかにいるのではないかという気がしてならない。もともと小さなパイを出版界と図書館とが取り合うのではなく、両者が手を組んでパイを大きくするとりくみに、そろそろ着手すべきである。

第八章　公立図書館の開館時間の延長

1　はじめに

公立図書館の業務やサービスの方針や内容は、市民の状況、地理的条件、首長部局や教育委員会の政策、自治体の財政状況、図書館職員の経験や構成、図書館の数や規模・設置場所などにより大きく異なる。開館時間についても、当然、個々の図書館のおかれている状況により、異なることは当然である。

開館時間をサービスととらえるならば、他のサービスと同様に、さまざまな条件を充分検討した結果、合理的に決定されるべきである。特に開館時間の設定については、図書館方針やサービスの質、職員の構成、運営経費などと密接な関係にあり、単純な理由で、恣意的に決定すべきものではないと思われる。

開館時間を設定する際に、検討すべき要素について、上記の視点にもとづいて考えてみたい。主たるモデルとしては、都市近郊の住宅街の図書館における夜間の開館を想定する。他の地域の図書館においても検討項目については、参考になると考える。

2 開館時間延長の目的と対象

開館時間を延長する際の主たる目的としては、一般的に「通勤者の利便性」があげられる。しかしながら「通勤者」の具体的な像と「利便性」の内容については、従来必ずしも明確ではなかったように思われる。

目的については、利用率（全市民のうち図書館を利用する人の割合）を高め、貸出件数を増加させることが目的なのか。あるいは、すでに土・日曜日に図書館を利用している市民の一部を、平日の夜間へ移行させることが目的なのか。対象に関しては、未利用者なのか、すでに利用者となっている市民なのか、勤務先を市内にもつのか、市外なのかなど、それぞれの要素について漠然としたイメージのまま時間の延長がなされているように思える。

土・日曜日も、平日の昼間も図書館の開館中に来館不可能な市民は、ごく一部のはずであって、それ以外の未利用者はそもそも図書館そのもの、あるいは当該図書館のサービスや蔵書に必要性を見いだしていない、という考え方もある。また、一般的な市民は身近に図書館がなければ利用しないという調査結果もある。したがって、未利用者に対する効果的な施策は、開館時間ではなく、サービスや資料の内容の見直しであり、施設場所の再検討である、とする意見も存在する。

開館延長の最大の対象者である市外通勤者の行動パターンはどのようなものであろうか。いくつかの調査の結果から類推してみたい。

市川市が一九九八年に実施した市民調査によれば、市民の平日の自由時間は、午後九時以降が七一・一％で最も多く、次が午後七時～九時の三四・三％であった。回答者のうち勤労者は約四〇％であることから、勤労者のみの集計では、自由時間を確保できる時刻はさらに遅い時間となるであろう。

時計メーカーのシチズンが一九九八年に行なった調査では、勤労者の平日の自由時間は、平均二・六時間であった。就寝時間を午後一一時～午前〇時頃と考えれば、市川の調査ときわめて近い結果となる。

浦安市が、一九八九年に実施した「生涯学習に関わる市民意識調査」によれば、勤労者の平日の自由時間は、「ほとんどつくれない」が一六・四％、一～二時間が五三・六％であった。浦安市立図書館において一九九九年に行なった「利用者満足度調査」では、来館者のうち東京に勤務先をもつ勤労者の平日の自由時間は、「ほとんどない」が一一・五％、「一～二時間ぐらい」が五七・七％、「三時間ぐらい」が二〇・七％であった。自由時間一～二時間以下という状況は、一〇年間ほぼ同率といえる。

浦安、市川の両駅は、東京の都心から鉄道で二〇~三〇分に位置し、都心に比較的近い住宅街である。東京からの距離が離れるにしたがい、勤労者の帰宅時間は遅くなり、自由時間は減少すると思われる。したがって、図書館の開館時間を午後七~八時まで延長しても、一般的な都心への通勤者にとっては、有効性は低いといわざるをえない。

事実、千葉県内において、午後七時前後まで開館している図書館における、勤労者の利用率は低いという報告がある。図8-1は、そのうちの一館の貸出状況と資料費の経年変化を表したものである。夜間開館を開始した一九九一年からのもので、夜間開館を実施したにもかかわらず、貸出数は増加していないことがわかる。

以上のことから、都心へ通う勤労者にとっては、地元の図書館より勤務地に隣接する図書館を利用することが合理的であると思われるのである。

勤労者のその他の属性としては、以下のようなことが想定される。
①健康である。どこへでも行くことができる。
②収入がある。本、雑誌を自由に購入できる。
③勤務地の近くの図書館を利用可能である。
④通勤途中の図書館を利用可能である。
⑤所属する企業、機関の資料室を利用可能である。

図8-1　A市立図書館における貸出数および資料費

＊中央図書館において，1992年度後半より水・木・金曜日のみ午後7時まで開館（2時間延長)。土・日・火曜日は従来どおり午後5時まで。

＊1994年度において貸出が増加するが，これは93年度まで資料費が増加した影響と思われる。その後，資料費の減少に伴い貸出数は減少する。

年　度	1991	1992	1993	1994	1995	1996	1997
貸出数	297,350	331,724	337,689	386,837	331,765	313,636	296,858
資料費(千円)	68,686	72,136	74,662	67,294	61,936	62,929	84,000

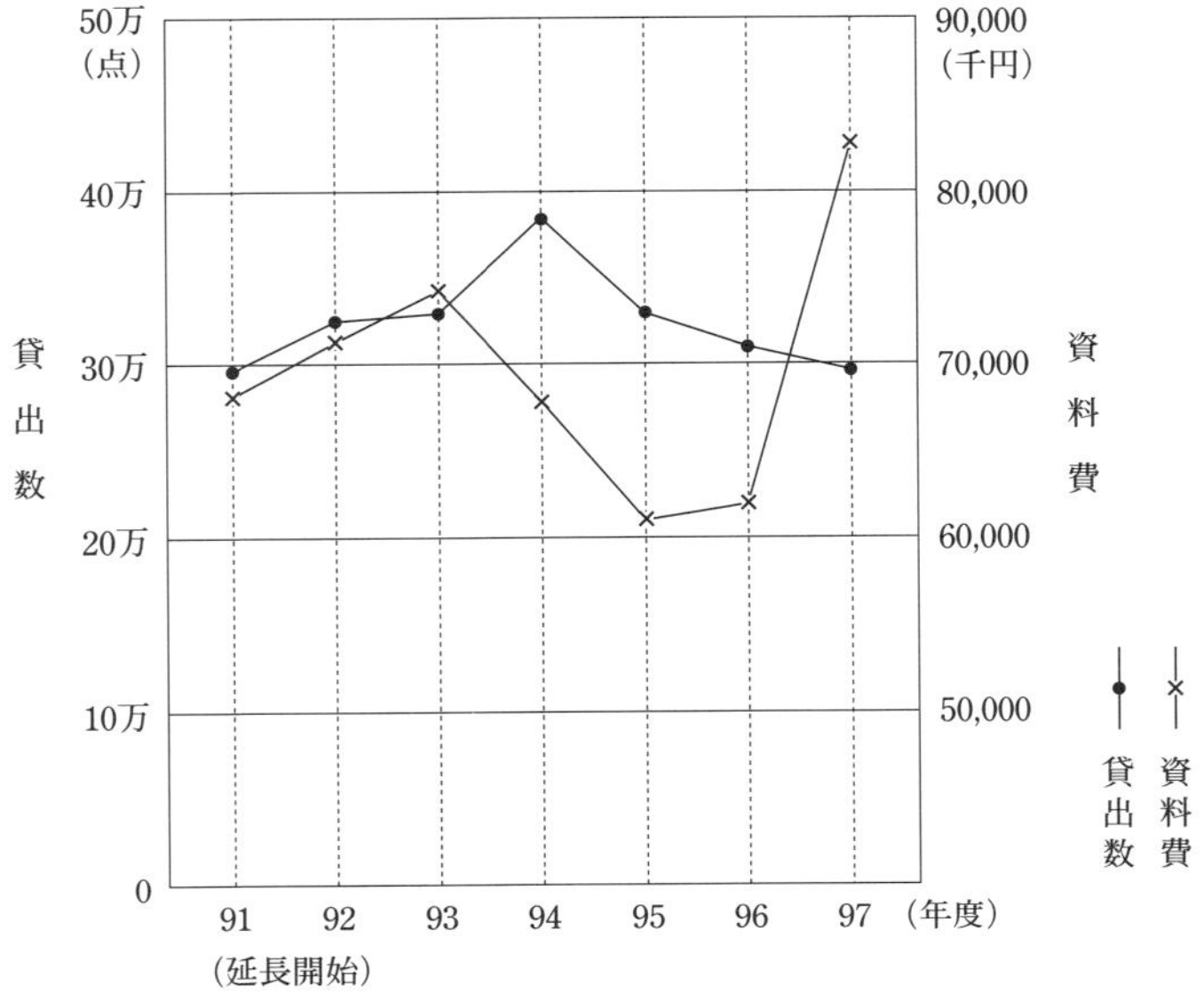

出典：『千葉県の図書館』各年版（千葉県公共図書館協会）

⑥都心の大型書店を利用可能である。
⑦地元の図書館、書店を利用可能である。
⑧パソコンなど情報機器を所有するか、利用できることが多い。
⑨仕事を通じ、多様な人的、物的ネットワークをもつ。

一般的な勤労者は、情報収集に関していえば、さまざまな代替手段を有することにより、相当程度有利な立場にあるといえるのである。

したがって、児童生徒、高齢者、ハンディキャップをもつ市民など、地元の図書館以外に代替手段をもたない利用者へのサービスや、市民全体への資料提供サービスの質的部分を支えるサービスとの優先順位については、充分に検討する必要があると思われる。

3　図書館サービスの質と量について

一般的に、開館時間の延長は、サービスの量的拡充ととらえられていると思われる。サービスが量的に拡充される場合、忘れてはならない点はサービスの質の変化である。

ここでは、コストをかけずに開館時間の延長を図った場合を考えてみたい。全体的に財政が逼迫している現在、コストをかけずに時間延長が行なわれる例が少なくないと思われるからである。

開館時間の延長により、新たに生ずる職員の業務の主たるものは、カウンター業務である。非常勤職員などの増員を最小限に抑えて実施する場合、正職員を早番、遅番などのいわゆる「時差出勤」の出勤体制をとることが考えられる。

この場合、職員数が一定で超過勤務を増加させずにカウンター業務のみが増加すれば、その分カウンター業務以外の業務が減少することとなる。

そもそも、日本においては、欧米と比較した場合、職員数が少ない。したがって、職員が充足している図書館が多数存在することは、考えにくい。そのような状況の中で、職員のマンパワーを「交代制」などにより分散した場合、表からは見えないながら、サービスの質が低下することが明らかである。

図書館におけるサービスの質的低下を実証的に証明する手段は、いまだ確立されていない。しかしながら、利用者は、図書館の「質」の変化を敏感に感じるものである。それは、一般の消費者が商店やレストランに、足を踏み入れた時に感じるものと同種のものである。

図書館において、マンパワーが不足した場合、まず、書架整理が不十分となり、書架上の資料管理が不完全なものとなり、利用者からの指摘を受けることも発生するであろう。図書館の顔とも言うべき、書架の管理がおろそかになれば、利用者の信頼を失い、影響は、長期間に及ぶものである。選書や除架業務、レファレンス、リクエストや相互貸借の処理などに影響が出れば、図書館サービスの本質にかかわる。

児童サービスやハンディキャップ・サービスが削減されることになれば、「調べもの学習」などの新しい教育の流れに対する支援やハンディキャップをもった市民の自立を妨げることにもなろう。

さらに、最も重要なカウンター業務そのものに影響がおよび、利用者への資料提供に支障が生ずれば、利用率は必ず低下する。

「職員からの直接のサービスは不要」「単に、書架に並んでいる資料が利用できればよい」とする利用者も存在するが、有用な資料が、使いやすく書架に並ぶためには、慎重な選書や手間がかかる書架整理などの質的業務が存在すること、さらに、カウンターでのやりとりやリクエストの傾向を業務に反映させる職員集団の専門的業務があって、はじめて可能になることを忘れてはならない。

さらに、サービスの質という点に関して、最も重要なポイントは、「情報の提供」である。

『読売新聞』が一九九九年実施した『読書世論調査』によれば、「本を読みたい」一番の理由は、「知識や情報が得られるから」七一%で、二番目の理由の「心が豊かになるから」三七%を大きく引き離している。

博報堂生活総合研究所の首都圏を対象とした調査によれば、市民が「情報に対する欲求が高いが、探し出すために時間がかかることに不満を抱いている」ことがわかる。

先のシチズンの調査によれば、一九九八年に会社員が平日の余暇時間を増やしたい理由のトップは、「情報ツールと接触」することである。

前出の浦安市立図書館利用者満足度調査における、「資料の利用目的」(複数回答)では、「自分の仕事や研究のため」「日常生活で必要な実用知識を得るため」「教養を得たり社会の出来事を知るため」「地域や生活上の課題を解決するため」をあわせると一〇〇%を優に超える。

以上の結果と欧米の図書館政策や、大型書店の店員の本に対する知識のなさを批難する新聞のコラム記事などから、市民が正確な情報を迅速に入手したいと考えていること、近い将来、さらにこの傾向が強まることは明らかである。

情報を求めるということは、なんでもよいというわけではない。正確性とスピードも求められることであり、それは、つまるところサービスの「質」を求められることなのである。

千葉県のある自治体では、従来からの夜間開館を、さらに拡大する一方で、資料費を削減したところ、リクエストの件数が一挙に一万数千件増加した。結果的に、資料費を夜間開館の費用に当てた形となったわけだが、図書館はいくら長く開いていても、市民が必要とする資料がなければ、役にたたないということが証明されることとなった。

日本図書館協会が、今年度行なった調査によっても、開館時間と貸出数の間には、全く相関は認められていない。貸出数との間に高い相関のみられる要素は、購入冊数や職員数などである。

開店時間は長いが、コンビニエンスストアに高級な商品や質の高いサービスを求める人間はいないであろう。

あくまでも仮説の域をでないが、選挙の投票時間を長くしても、選挙そのものに魅力がなければ、投票率は改善されないなどという事例と同様に、図書館における「貸出点数」と「来館者数」は、サービスと蔵書の質によって、おおむね規定されてしまうのではなかろうか。開館時間が長くなっても来館者の人数はほぼ一定で、単に来館時間がまちまちになるだけなのではないか。基本的に、全市民に対して、来館を促す「質」をもつかという議論があってはじめて、つぎにサービスと蔵書の提供時間という「量」の検討が行なわれなければならないと考える。

4 開館時間の延長とコスト

今日、地方自治における重要な課題のひとつは、行政執行にともなうコストの削減である。開館延長に要するコストも例外ではない。開館延長を実施するためのコストとしては、職員の人件費、非常勤職員の報酬、空調などの機械管理のための委託料、光熱水費、防犯のための費用などが考えられる。人件費については、超過勤務あるいは、事務量の増加により生じる、職員の定数増によるものなどがある。

防犯の経費としては、館内の死角をなくすための経費や、荒廃した雰囲気を防ぐための照明の増設や家具備品の設置の費用、警備員を配備するための委託料、防犯カメラや防犯ベルの設置などが考えられる。図書館の周辺の防犯灯の設置などが必要となる場合も考えられる。

一般的に夜間の一冊貸出当たりのコストは、昼間のコストに比べ、割高になるといわれている。一冊貸出当たりの人件費のみのコストは、浦安市においては二〇一円であるが、夜間開館を実施している東京のある区においては六〇四円かかっている。また、東京の他の区においては、夜間の非常勤職員の報酬のみで、年間七四〇〇万円かかっている。

前出のリクエストが急増した例は、サービスの「質」と「量」についてであったが、コスト対効果の視点からも、資料費と開館延長の優先順位については、慎重に検討すべき点である。

アメリカにおける公共図書館年間の予算はおよそ日本の四倍といわれている。さらに企業からの寄付の額も莫大な額にのぼる。

アメリカは地方自治の発達した国であり、一概に論ずることはできないが、コストに比べて夜間の開館については、いくつかの代表的な都市の例を見ても必ずしも積極的ではないように思われる。中央館的施設については、夜間開館が実施されていることが多いが、大学図書館のように深夜におよぶことはまれであり、住宅地の地区館や分館については、夜間開館そのものがまれである。また、土曜・日曜については、地区館、分館は休館であることも多く、中央館についても、半日開館であることが珍しくない。祝日については、ほとんど全館休館であること多い。勤労者は、平日については、勤務先の付近の図書館を利用することが通例であると思われる。ロンドンの図書館も、平日の昼休みが最も混雑すると聞く。都心の図書館が充実してることが重要な点である。ビジネス街の図書館と住宅街の図書館の間で役割の分担を図ることで、開館時間を短縮して、社会的コストを全体として削減していると考えられる。

5　防犯上の問題

他の国と比べて、日本は犯罪の発生率が低く、安全な国といわれていたが、近年、必ずしもそうはいえない状況になりつつある。

図書館においても、置き引きや痴漢、あるいは、事務スペースへの侵入など、不法行為が増加する傾向にあるといわれている。夜間においては、特に人間は昼間とは異なった精神状態にあり、注意力やモラルの低下をともなうといわれる。工場などにおいて、安全衛生上の立場から注意を払うことが多いのは、このためである。

このことから、図書館の夜間の開館においては、昼間に比べ、さらに快適、かつ、毅然とした雰囲気を醸成する必要がある。特に利用者に対して、荒廃した雰囲気を感じさせてはならない。

このために照明の照度を高め、家具や備品の配色にも配慮すべきである。

夜間、少人数の職員により図書館を管理する場合の重要なポイントは、一般の利用者にとっては利用しやすい建設的構造と環境を維持しつつ、不法行為に対する防御力の大きな図書館をいかにつくるかであろう。

利用者に対する不法行為を防ぐための防犯設備や警備の人員を確保することも必要となるだろう。また、簡単に閉架書庫などへの侵入を許す構造であれば、そもそも図書館は、女子職員の率が高いことから、安易な夜間開館はリスクが大きいと言わざるをえない。職員に対する防犯上の配慮に欠けた夜間開館については、現状でも各地で行なわれていることから、実際に職員が被害に遭うことが懸念される。

公共図書館としての機能を考えれば、いわゆる「ホームレス」と呼ばれる人々は、排除すべき利用者ではない。しかし、長時間図書館の夜間開館を実施すれば、他の利用者との軋轢が発生する度合いが高まることから、対策を必要とするケースも生じるであろう。

また、夜間の青少年の来館について、教育委員会の方針によっては、関係部局との調整が必要となる。

人通りの少ない立地条件にある図書館においては、来館者の安全のために、図書館の周辺に防犯灯を設置するなどの対策も必要となるであろう。

以上のように、防犯上からコストやさまざまな対応が要求されることから夜間開館の実施については政策的な判断が求められる。

6　時間延長と職員

一九八八年度から一九九八年度の一一年間で、全国の図書館数は一・四倍、貸出数は一・八倍にそれぞれ増加したが、職員数は一・二倍にとどまっている。総体として現場における事務量が増加していることは明らかである。さらに、利用者からの要求の多様化、高度化による事務量の増加によって、想像以上に現場は圧迫されていると思われる。

通常でも不規則な勤務形態である図書館において開館時間を延長した場合、前述したサービスの質の問題以外に、職員の身体的、精神的な負担の増加を考慮する必要があろう。現状でも、遅番の職員が毎日午後一〇時過ぎまで勤務する図書館もあり、ベテランの女性職員が、家事との板挟みから、他の部局へ異動した例は少なくない。女性職員の占める率の高い図書館においては、深刻な問題である。

図書館における利用者のニーズの変化、あるいは、各種の世論調査の結果から、多くの国民が、多様な分野の正確な情報を迅速に求めていること、また、その要求が高度化していることがわかる。しかもこの傾向が、社会の動向とともに加速度的に強まることは、明白である。

公共図書館が、国民の次の時代の情報要求に対して、的確に対応できる可能性の最も大きな公共機関であることは、最近のアメリカなど欧米の図書館政策を見れば明らかなことである。

しかし、どのような政策を実施する場合でも最も重要な要素は「職員」である。特に、多様なメディアを駆使して高度な情報提供を行なうためには、資質に優れ、意欲的な人材が事務量に応じた人数で配置されることが不可欠である。量的サービスが優先され、労働条件が劣悪なうえに収入に特に魅力がなければ、専門職制度が取り入れられている場合においても、長期的にみれば人材確保は困難となるであろう。

これまで、図書館におけるサービスを維持するための人材の確保と労働条件という点については、必ずしも充分な論議があったとは言えないのではないか。

「どこまで働けばよいのか」という疑問は誠実な図書館員が、例外なく直面する疑問であろう。サービスの質と量を維持するために、短期的に過剰な事務量に耐えることは可能だが、長期的には疲弊することは明らかである。能力と意欲のある人材を揃えて水準以上の実績をあげた図書館が、その後停滞する例の多くは、労働条件、特に事務量と職員数のギャップに問題があると思われる。

自治体の職員数が減少する中で、開館時間が増大し、「妥当な事務量」のレベルを超えてしまう図書館が増加する傾向は、当分の間続くと思われる。

地方分権が確立され、市民に対して「コストに見合ったサービス」が保障されるとすれば、職員にとっての「妥当な事務量」は、どのように定まるのであろうか。過重な労働条件のもとでは質の高いサービスの提供は困難である。最終的には、アメリカなどのように、事務量、業務内容、給与などにより、図書館員自らが勤務先を選ぶ仕組みがつくられるのであろうか。

7　総合的判断の必要性

図書館の開館時間について総合的な判断をくだす際の要素は、次の五点であろう。

①図書館サービスの質
②図書館サービスの量

③コスト
④職員の労働条件
⑤行政事務としての優先順位
情報弱者へのサービスを切り捨てることなく、サービスの質を低下させず、職員の事務量負担やコストが妥当な範囲であること。

より優先順位の高い業務がないか、また、代替の手段の有無などが主な検討点となろう。質を低下させずに、開館時間の延長を行なえば、人件費など新たなコストが発生する。コンビニエンスストアにおいては、開店時間は長いが質的に高いサービスは提供されず、質的に高いサービスを提供する専門店やレストランの開店時間が短いことを考えれば当然のことである。

特に、行政業務としての優先順位に関しては、市民の潜在的なニーズにも考慮して、以下の二点の検討が必要である。

①行政サービス全体としての優先順位
コストをかけて、また、図書館の他のサービスの質を低下させるおそれをおかしてまで実施するのであれば、市役所の各窓口の夜間開設や、福祉分野、あるいは、他の教育分野への投資などに、より高い重要性を見いだす市民は、少なくないはずである。

②図書館サービス業務における優先順位
図書館の内部において、基本的、本質的業務に支障のない範囲で開館時間の延長が可能な場合

においても、未実施のサービスや業務との間の優先順位を慎重に検討すべきである。

大都市近郊の住宅街の図書館における夜間開館は、多様な代替手段を有する、たとえば、都心の大型の図書館や書店を使える勤労者の、帰宅から就寝までの二～三時間のきわめて限定された利用に対応しようとするサービスである。

都心の図書館においては平日夜間開館を実施し、利用の極端に減少する土・日曜日は休館することにより、コストの軽減と職員の労働条件を確保する。一方、住宅街の図書館は土・日曜日に勤労者を含めた大量の利用に対応する、という地域による役割分担により、社会的コストを軽減しつつ行政需要に対応するというあり方こそ、行政改革の趣旨に相当するものと考える。

浦安市の教育委員会においては、一九九七年に、市立図書館の開館時間について、現状の午後六時までを維持する方針を定めている。決定に至る主たる理由は、

①図書館サービスの質

②コスト

③都心に多数の図書館と書店が存在すること

④行政サービスの優先順位

などであった。

さらに浦安市立図書館における年間の来館者数は約七〇～八〇万人であるが、開館時間の延長に関する市長への投書は、年間〇～数件にすぎず、投書をした市民の大半は、市内のいずれかの図書

館施設へ徒歩で四〜五分の距離に居住しており、すでに日常的に図書館を利用していることが判明したことによる。

図８‐２は、東京の都心部における図書館の設置状況である。図中の二重の円は、それぞれ図書館から五〇〇メートルの範囲と、図中では一キロメートルの範囲を示す。ほとんどの地域から徒歩か、地下鉄一駅程度でいずれかの図書館が利用可能となっている。大型書店を同様に記入すれば、さらに密度は高まるであろう。

住宅街と商業地域が混在している自治体や、人口が分散している自治体、また、近隣の自治体に図書館が存在しない自治体などで、さらに、市民の生活時間が著しく多様な地域においては、開館時間帯の設定に困難を感じる場合があろう。

しかし、この場合においても、週のうちまったく利用不可能な市民の割合に注目すべきである。そして、利用率は、開館時間ではなく資料やサービスの質と量と相関すること、また、施設が市民の身近に設置されることも非常に重要な要素であることなどから総合的に判断すべきである。判断材料として、市民の意識調査や動向調査の結果は重要である。また、図書館において利用者調査を行なうことも必要であろう。

調査を行なう際、質問の文言については、充分に注意しなければならない。「夜間開館は必要か?」というような、答えを誘導してしまう文言は、絶対に用いてはならない。「最寄駅への帰着時間」「帰宅時間」「自由時間」などに関する質問を他の質問の中に適宜紛れ込ませて、誘導が生じないよ

図8-2　都心部における図書館の設置状況

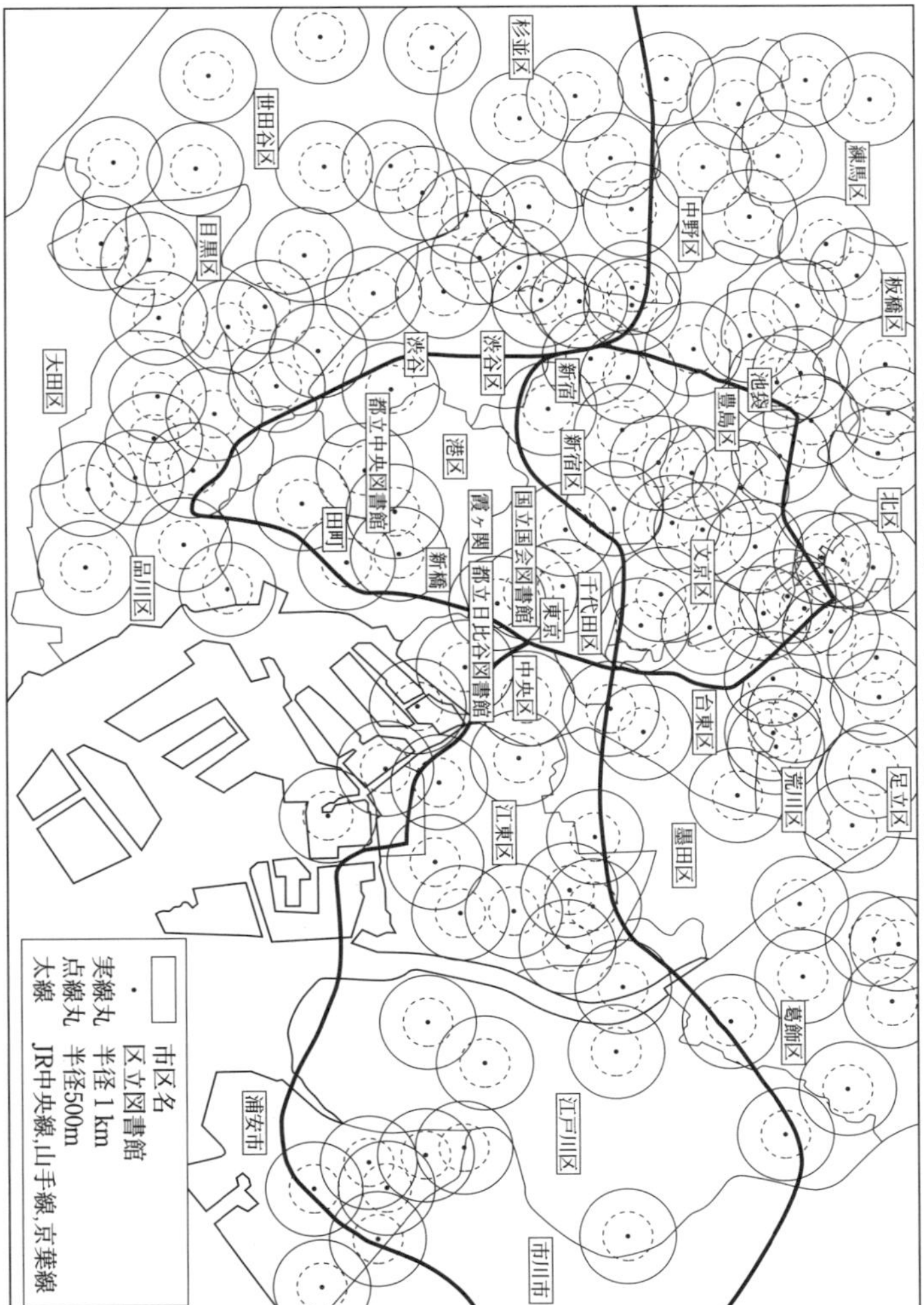

うにする必要がある。

総合的判断における重要なポイントは、政策を実施した後の実績評価である。そして、予想された効果が表れない場合、また他のサービス業務に悪影響や支障が生じた場合は、開館時間をもとに戻せることが必要である。

一般的に一度実施した行政事務については、中止することは非常に困難だといわれる。しかし、実効が上がらず、逆に質的サービスに支障が生ずるとすれば、市民の要求にも反することとなる。「一度、コンビニエンス型になってしまった図書館を専門店型の図書館へ立て直すことは、容易なことではない」のである。

8 開館時間と図書館政策

開館時間の延長は、図書館政策の変更といえる。政策の変更であるからには、科学的分析と慎重な検討が必要である。市民は、図書館にサービスの質を求めている。質を低下させずに量を増大させれば、コストが増加する。近い将来、直面するであろう図書館の変化に対応可能な体制を今こそつくらなければならない。

以上のことから、行政サービス全体の中における図書館サービスの優先順位、図書館の中における業務の優先順位を慎重に検討すべきである。

「図書館を通じて市民に対して、将来にわたって、何を提供するのか」ということに関して、具体的なサービスの目標を定め、目標を達成するための人員や予算の計画を含めた政策が本来策定されなければならない。ここでいう「政策」は、必ずしも成文化された正式なものとは限らない。

しかしながら、このような具体的な図書館政策を策定している自治体はきわめて少ない。自らの政策をもたないために、行政の他の部局の政策に図書館が利用されたり、議員や市民の要求に対して過剰に反応し、サービスの質よりも、量的拡大が優先される一因となっているのではなかろうか。開館時間の延長に関しては、これまでどちらかといえば、事務量の増加という課題に対して、どのような方法で対処するか、という視点で論じられることが多かったように思われる。

しかしながら、たとえば一〇時開館、五時閉館の図書館が二時間開館時間を延長したとすると、勤労者のためにそれまでより三〇％近く多い時間が用意されることになる。つまり、図書館業務が成人向けに大幅にシフトされることになるわけで、単に開館時間が延長されるのではなく、本質的には、業務の内容の変化を伴う、いわば「政策の変更」といえるようなレベルの変化ととらえるべきものである。

政策的な変更ととらえることではじめて、図書館全体のサービスや業務を維持するために、サービスの方針、選書の方針、職員の組織、予算の配分などの合理的な見直しが可能となり、新たな人員や予算の必要性も、政策の変更にともなう必然的なものとして位置づけることが可能となる。

以上の観点から現状を見直せば、従来の開館時間についても同様に、図書館政策上、妥当性を証明できなくてはならないことになる。

9　行政の政策と図書館

現在、地方自治体は財政的に逼迫し、従来の行政サービスさえ維持することが困難な状態にある。しかしその一方で、市民のニーズは、多様化、高度化しつつある。

このため、現時点における自治体の最大の行政課題は、コストを発生させずに、行政サービスを向上させること、あるいは向上させようと努力している姿勢を市民へアピールすることである。この状況は、想像以上に厳しく、政策担当者を、「多少の問題が存在したとしても、強引に実施せざるをえない」状態にまで追い込んでいる。

したがって、図書館のように、国や県からの法的な運営指針が存在せず、維持達成すべき法的目標値や数値的規制も存在しない分野においては、自治体の政策が優先され、恣意的な判断がなされやすい、といえる。

しかも、図書館サービスにおいては、「質」が低下しても具体的、数値的に証明することは困難である。特に現状では、市民や議員は、実証的に証明する手段をもたない。一方、開館時間の延長については、誰にでもサービスの拡充と思わせる効果が存在する。行政担当者が、コストを要する「質」の向上より、行政内部と市民双方から理解の得やすい「量」の拡大を選択することは、現在の行政の政策判断として必然的なことである。

「質」よりも「量」が優先されることについては、従来、単に行政内部における図書館の本質に対する無理解がその理由としてあげられることが多かったが、「質」的向上の必要性を理解したうえで、なお冷静な政策的判断が行なわれている場合も少なくないのではなかろうか。

以上の状況を打破して、図書館の質的向上を図る手段としては以下のようなことが考えられる。

①第三者に対しても充分な説得力をもつ図書館の「質」に関する客観的な評価基準の策定と、第三者機関による実際の「図書館評価」の一般市民への公開。この点から、生涯学習審議会の図書館専門委員会による新しい「基準」などに注目する必要があろう。

②図書館業務の詳細な分析、特にサービスの「質」と専門的業務の関係、「質」に関するコスト対効果の関係を社会に広くアピールすること。

つまり、市民自らが図書館を評価することを容易にすることと、図書館の「質」に対する行政の説明責任を明確にすることが急がれる。

10　おわりに

さまざまな自治体において、共通に起きている問題は、開館時間の延長など、図書館についての本質的な議論や判断が行なわれ難く、政策の必要性が認識され難いということである。原因はどこにあるのだろうか。ＰＲ不足もたしかに一因であると思われるが、それだけであろうか。
一般行政の業務においては、「三割自治」といわれるように国、県からの委任事務が大半を占める。これらの業務は、国の法律や施行規則、それに基づいた県の条例、法的な規則・基準により実行される。つまり、ほとんどの場合、政策や方針があらかじめ提示されているのである。このため、大きな方針については、先に「結論ありき」という思考に慣れてしまっている傾向があるのではないか。

したがって、市民の要求を充分分析し、ゼロから計画を立案し、さらに、将来の状況まですべてを考察して独力で事業を実施することに、必ずしもすべての公務員が精通しているとは言い難い、と思われるのである。この「結論ありき」という思考形態が、多くの場合、図書館に関する本質的な検討を妨げているように感じるのである。

それでは、ＰＲについてはどうであろうか。図書館の現場から、図書館業務や必要性について、行政内部へのＰＲが不足している、という指摘は間違いではない。

しかし、そのことを痛切に意識するあまり、教育委員会の他部局や首長部局の図書館に対する無理解の原因の大半を現場の責任であると、強迫的に考えることは、妥当ではない。現場の努力は、これまで以上に続けなければならないが、一方で行政関連部局とそれらのトップに、図書館の業務と機能とその可能性について調査研究し、市民の要求に対応した図書館政策を遂行する義務と責任が存在するということも認識しなければならない。

これは、決して図書館現場における責任を転稼するものではない。市民の情報要求の高まりに対して、図書館が対応できる可能性をもっていることを行政内部やトップを含め社会一般にアピールするためには、図書館現場の努力だけでは、必ずしも充分ではないということである。社会の各層における図書館理解を深めるために、日本図書館協会などが中心となり、「図書館の存在理由」を、マスコミなど多様なチャンネルを利用し、長期的展望にたってキャンペーンなどを実施する時期にきていると考える。

開館時間の延長については、これまで述べたように、単にサービス時間の問題にとどまらず図書館サービスの質にかかわることから、専門職制度や、図書館の情報政策とも関連のある問題である。近い将来、市民から要求されるであろう、電子媒体と従来の印刷媒体による複合的な図書館（ハイブリッド・ライブラリー）サービスを提供するための体制を、今、つくらなければ、欧米ばかりでなく、アジアの諸国に対しても後れをとる可能性がある。

国民の一人一人に必要とする知識や情報が的確に提供されるシステムの構築は、個人の成長ばかりでなく、日本の国力にも関わる情報政策上の重大な課題である。このことから図書館の「質」を向上させる取り組みこそ、現在の最優先事項であり、そのためには、市町村の現場だけでなく、国、県それぞれのレベルにおける政策が必要とされる。

参考資料

『広報いちかわ』八一七号　一九九八年九月五日
「平日自由に使えるのは三時間未満」（シチズンの調査）『東京新聞』一九九八年八月一九日
「読書世論調査」『読売新聞』一九九九年一一月
「大型書店員の勉強不足」『産経新聞』（コラム「斜断機」）一九九六年一〇月三〇日
「時間の活用実態」（博報堂生活総合研究所の調査）『産経新聞』一九九九年七月一六日
「借りたい本がない」『千葉日報』一九九九年八月二九日
『生涯学習に関わる市民意識調査報告書』浦安市教育委員会　一九八九年
「特集：日曜開館・夜間開館をめぐって」『図書館雑誌』一九八一年六月号（七五巻六号）
「特集：労働時間短縮問題を考える」『図書館雑誌』一九九二年五月号（八六巻五号）
前川恒雄「図書館経営論序説」『現代の図書館』三六巻四号　一九九八年
岡部一明「アメリカ：公共図書館の商業データベース提供」『現代の図書館』三七巻二号　一九九九年
ガイ・デインズ、高木和子（訳）「英国の図書館―歴史的転換期となりうるか」『現代の図書館』三七巻一号　一九九九年
「特集：図書館をいつ開けるか?」『みんなの図書館』一九九七年一一月号（二四七号）
川越峰子「開館時間延長を積極的にしよう」『みんなの図書館』一九九七年三月号（二三九号）
竹内哲編・訳『図書館のめざすもの』日本図書館協会　一九九七年
菅谷明子「進化するニューヨーク公共図書館」『中央公論』一九九九年八月号

第九章　公共図書館とコンピュータ

1　コンピュータの導入

図書館におけるコンピュータの導入は、図書館の歴史のなかで継続的に行なわれてきた業務の効率化と精度の向上という一見相反するものを求める取り組み、とくに戦後、各国で行なわれた機械化の延長線上に位置づけられる。たんに、コンピュータの発達により、個々の業務を便宜的にコンピュータ化したのではなく、図書館経営の理論と経験、ノウハウのもとに導入が図られたものである。

したがって、図書館へのコンピュータの導入は、図書館の目的を達成するための技術導入の一形態であり、「手段」であって、「目的」ではない。

技術導入は、新たな利便性や業務の効率化などを目的として、それまでの利便性や職員の知識や経験を犠牲にする側面をもつ。目的が妥当であっても準備が十分でなければ、犠牲は大きくなる。

また図書館における業務は、一見単純に見えても複雑な作業や判断の過程を含むものが少なくない。コンピュータの導入により不用意に職員の削減を行なうと、サービスの質的低下をまねく可能性が大きい。職員の削減のための導入でなく、サービスの質的向上をめざす導入を図るべきである。

図書館政策の策定

図書館は、社会的・地理的条件、利用者の状況、財政的・人事的条件などの諸条件、要素により成り立っている。しかも、これらの条件や図書館のおかれている現状は、自治体ごとに、あるいは館ごとに大きく異なる。

したがって、一律な方法論によって図書館の理念を達成することは困難であり、設置主体ごとに、独自の中長期的な図書館政策を策定し、政策に基づいたサービスの方針、業務の組み立てを行なわなければならない。

一般的にコンピュータをある組織に導入する際には、組織の目的、方針、業務の流れなどについて将来の方向性も含め明確にする必要があるといわれている。組織のあり方とコンピュータシステムは不可分だからである。

したがって、図書館における、導入においてもこの一連の作業が不可欠となる。とくにサービスの方針、業務の組み立てとは、密接に連携させなければならない。

中央官庁の政策

各自治体あるいは、広域圏において、図書館政策を策定する場合、国の政策は大きな意味をもつ。自治体や広域圏における図書館システム、図書館ネットワークの方針や図書館の政策が国の各種事業の対象となれば、補助金の交付をはじめとして、さまざまな援助が受けられる。しかし、その一方で図書館現場が望まないコンピュータ導入や、ネットワーク化が実施される可能性も存在する。

●中央官庁における図書館情報化政策と事業

自治省

　地域情報構想など

　　図書館情報ネットワークシステム

　　　北多摩地区、山梨地区、青森地区、佐世保地区など

通商産業省

　ニューメディア・コミュニティ構想

　情報スーパーハイウェイ構想など

　　電子パイロット事業（国会図書館との連携）

郵政省
テレトピア構想
地域・生活情報通信基盤高度化事業など
浜松市立図書館コンピュータ・システム開発など
建設省
インテリジェント・シティ構想
農林水産省
グリーントピア構想
文部省
学術情報システム
社会教育施設情報化・活性化推進事業

ここ数年、日本においても、広域のコンピュータ・ネットワークの構想が進められつつある。しかしながら、全国的な資料搬送のシステムを維持しているアメリカなどと異なり、日本においては、県域においてさえ、十分な物流は確保されていない。コンピュータ・ネットワークは、たんに二次情報を伝達するにすぎない。

物流の手段の確保と、さらに資料の蓄積という図書館の基盤整備なくしては、利用者が必要とする知識・情報の提供は困難である。

テクノストレスの防止

コンピュータの導入によるテクノストレスとしては、眼精疲労・腱腕《けんわん》障害、心理的・社会的なものなど実に多様なものが報告されている。

企業においては、社員のテクノストレスのために予想された成果をあげられないばかりか、システムの稼働を中止せざるをえなかった事例もある。地方自治体においても、近年、テクノストレスの発生に対応するため、通常の健康診断以外に視力検査などを実施する事例が増加している。

図書館の現場では、発注受け入れ作業やデータ作成作業を行なうセクションにおいてテクノストレスが発生する可能性が高い。作業を行なう職員と端末の位置関係、画面と照明の関係、椅子と作業机の関係、作業の精度・ノルマ、休憩時間などに十分配慮し、職員全体としてテクノストレスの発生を防ぐ取り組みが必要である。コンピュータはいまだ不完全なものである。システムの効率性を優先して、職員の身心をそこなうことがあってはならない。

プライバシーの保護と情報公開

コンピュータの通信機能と情報を処理する機能は、遠く離れたところから資料に関するデータと利用者に関するデータを組み合わせて検索することを可能にした。この結果、利用者に対するサービスを向上させ、職員の業務を軽減したが、反面、利用者の個人情報と読書の秘密が図書館外部へもれる可能性も高まった。

ハッカーによるシステムへの侵入は日本でも珍しいことではなくなってきている。他の機関とのオンラインやインターネットを通じてのデータ提供などに関しては、ファイヤーウォールの設置など、十分なセキュリティが必要とされる。日本図書館協会は一九八四年の総会で「貸出業務へのコンピュータ導入にともなう個人情報の保護に関する基準」を採択している。

一方で公共図書館においては、情報公開制度によるまでもなく、利用者からの要請があり次第、利用者本人に関するデータを開示できる体制を整える義務がある。

貸出業務へのコンピュータ導入にともなう個人情報の保護に関する基準

1　貸出に関する記録は、資料を管理するためのものであり、利用者を管理するためのものではないことを前提にし、個人情報が外部に漏れることのないコンピュータ・システムを構成しなければならない。

2　データの処理は、図書館内部で行なうことが望ましい。

3　貸出記録のファイルと登録者のファイルの連結は、資料管理上必要な場合のみとする。

4　貸出記録は、資料が返却されたらできるだけすみやかに消去しなければならない。

5　登録者の番号は、図書館で独自に与えるべきである。住民基本台帳などの番号を利用することはしない。

6　登録者に関するデータは、必要最小限に限るものとし、その内容およびそれを利用する範囲は、利用者に充分周知されなければならない。

利用者の求めがあれば、当人に関する記録を開示しなければならない。

2　自治体内における図書館のコンピュータ・システム

コンピュータ導入のメリット

コンピュータ導入のメリットはおおむね以下の通りである。

①利用者の利便性の向上　　貸出返却手続の簡略化。自治体内のどの図書館においても、貸出、返却が可能となるような融通性の向上

②ＯＰＡＣによる詳細な検索

③職員がコンピュータシステムを使いこなすことによる利用者の利便性の向上

④職員の作業の軽減　　貸出、返却、予約、棚卸などの作業の軽減

⑤職員の業務の支援　　問い合わせ、リクエスト、レファレンス、などにともなう検索業務の軽減と精度の向上

複数の地区図書館や分館からなる図書館システムにおける、分散した資料の動きをリアルタイムで一元的に管理することにより均質なサービスを提供できるメリットは大きい。したがって「市民の図書館」で提唱された複数の施設による全域奉仕を実施する場合に最も大きな効果を発揮する。

導入とその後のプロセス

①業務分析・仕様書の作成　現状の業務だけでなく、将来計画を含めたサービスの方針に基づいた分析を行ない、メーカーに提示する仕様書を作成する。

②メーカー、機種、ＭＡＲＣなどの決定　複数メーカーよりの提案書と見積書をもとにコスト対効果、職員体制、サービス方針と業務量などを勘案して決定する。契約条件、支払条件なども同時に決定する。

③調査、検討、助言、補助金申請　①・②と並行して、他の自治体の図書館システムを調査、自治体内の電算導入検討委員での検討結果や電算化の助言を受ける。また、中央省庁の補助金の申請を行なう。

④システムの開発　一般的には、パッケージソフトを導入することが多い。ユーザーカスタマイズの範囲で、自館の業務に適合したシステムとなるようメーカー側と調整を行なう。稼働開始時期までのスケジュール管理も重要である。

⑤利用者への周知、事前登録など　コンピュータ導入に関して、個人情報の保護など利用者に周知されるべき事項を市の広報や館内掲示、チラシなどによりＰＲする。また、利用者が多い場合などは、事前登録を実施し、あらかじめ利用券（ＩＤカード）を発行する場合がある。

⑥職員のトレーニング　④・⑤と並行して、職員に対して、システムを運用するためのトレーニングを行なう。とくにシステムを管理する担当者の訓練は重要である。

⑦テスト　実際に近い条件でシステムを稼働させ、不具合（バグ）をチェックし、予定通りの結果が達成できるまでテストとプログラムの修正をくりかえす。
⑧システム実稼働　一年目は、おもにバグの修正を行ない、二年目以降は、可能な限りシステムの改善を行なう。一般的には、五年程度のリース契約を締結することが多いが、その場合は、三年ほど経過した時点で、次期システムの検討を開始する。システムに対する満足度が低い場合は、メーカーや機種、ＭＡＲＣの変更を検討しなければならない。

浦安市立図書館システム

①資料に関するデータ群と利用者に関するデータ群とプログラム群からなる。さらに、資料に関するデータは書誌データである、新刊データと所蔵データ、そして資料一点ごとの登録番号などの物品管理に関するデータに分かれる。データはすべて可変長となっている。
②書誌データは、日に一回、前日に作成されたものが取次からオンラインで新刊データファイルへ転送される。転送が完了した時点で、システム内の全館の端末から検索可能となる。
③利用者データは、利用者登録の際に、キーワード（カタカナ表記）と電話番号のみ入力し、後日、詳細なデータを入力する。
④端末を起動して、業務を選択すると、該当するプログラムが実行されて、資料データや利用者

データを組み合わせて、業務を行なう。

⑤貸出・返却　利用者が提示する利用券のバーコードと、資料のバーコードをスキャナーで読み込むことにより、利用者番号と資料番号の組み合わせ（貸出データ）が記録される。貸出中は、利用者、資料どちらから検索しても、だれが何を借りているかが表示される。資料が返却されると、貸出データは削除される。

⑥検索　メニュー式の検索キーとしては、書名（シリーズ名などを含む）、著者名、NDC、ISBNなどであるが、コマンド検索も可能であり、出版社、出版年、件名なども検索可能である。

⑦予約　予約の画面において、リクエストした利用者の登録番号と資料の番号を入力すると、予約ファイルのなかに予約データが作られる。リクエスト資料が返却されるとアラームが鳴り、だれがどの館でリクエストしているかが表示される。

⑧発注・受入れ　発注作業を行なう画面において、発注する資料の書誌データを新刊データベースより検索して呼び出し、冊数や装備の種類などを選定することにより、発注データが作成され、発注ファイルに登録される。この時点で検索した際に、「発注中資料」として表示される。該当する資料が届き、バーコードが貼付されて登録番号が確定したのち、受け入れ用の画面において、発注データを呼び出し、スキャナでバーコードをスキャンすることにより、受け入れ登録は完了する。

この時点で、所蔵データベースに書誌データが作成され、検索した際に、「所蔵資料」として表示される。

⑨棚卸作業、各種統計作成など

⑩ＯＰＡＣ　中央図書館の各セクションに合計八台、各分館に一台設置している。検索項目は書名、著者名、分類などである。

⑪館内ＬＡＮと学校図書館とのオンライン　メインシステムのネットワーク上にＣＤ－ＲＯＭサーバを設置し、複数のパソコンによる検索を行なっている。市内の全小中学校の図書室より公衆回線を利用して市立図書館の全蔵書を検索することができる。

コンピュータシステムのコストについて

一九九三年に行なわれた日本図書館協会による調査によれば、公共図書館におけるコンピュータの平均的なコストは、年間約一四〇〇万円である。内容は、リース料金と保守料である。

地方自治体が、高額な機器を導入する際は、通常リース会社とリース契約を締結する。図書館のコンピュータシステムの場合、ハードあるいはソフトとハードをひとつのシステムとして、五年程度のリース契約を組むことが多い。

保守契約は、ハードのメーカーと結び、委託料という形で支払われる。通常、保守契約があれば、ハードが故障した場合、メーカーにより無償で修理が行なわれる。近年、ハードの故障率が低下していることから、メーカーと保険契約を結ばず、料金の安価なコンピュータ保険に切り替える例も

図9-1

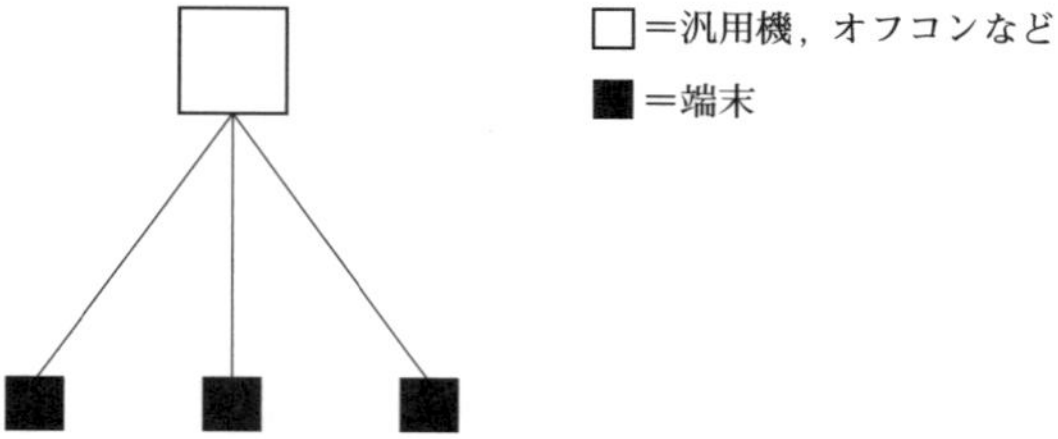

増えている。

コンピュータシステムのタイプ

日本の公共図書館において、これまでに構築されたコンピュータシステムは、基本的には、ＣＰＵが単独でデータ処理を行なう中央集中処理方式のものが大部分を占める（図９－１）。端末は、貸出・返却などのデータの単なる入出力装置にすぎない。

図９－２のタイプでは、「集中分散方式」などとよばれ、比較的規模の大きな地区図書館が複数配置された図書館システムに導入されたもので、各地区図書館には、ＷＳやオフコンが置かれ、設置された図書館に所蔵された資料の書誌データとローカルデータのみをもち、全館の書誌データとローカルデータは、中央図書館の汎用機のディスクに記録されている。他館資料の検索、利用者データの入力、リクエスト処理などは汎用機に対して行なう。一見分散処理システムにみえるが、汎用機の処理能力の不足を補うためのもので、ＣＳＳと根本的に異なる。

図９－３タイプは形式的には、ＣＳＳである。イーサネットなど

図9-2

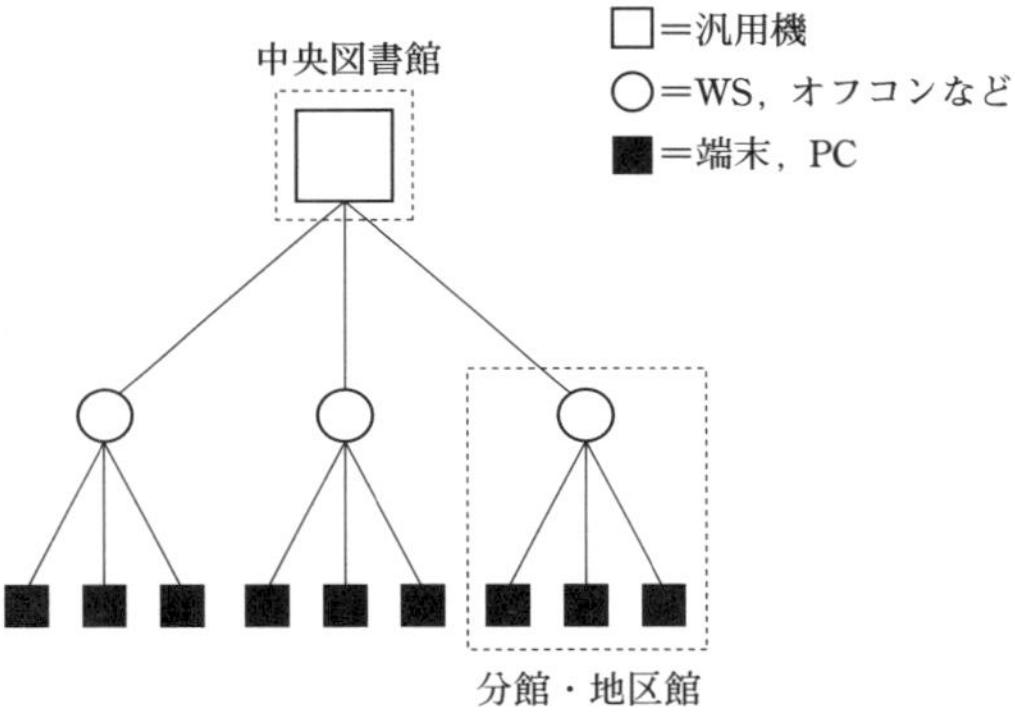

図9-3

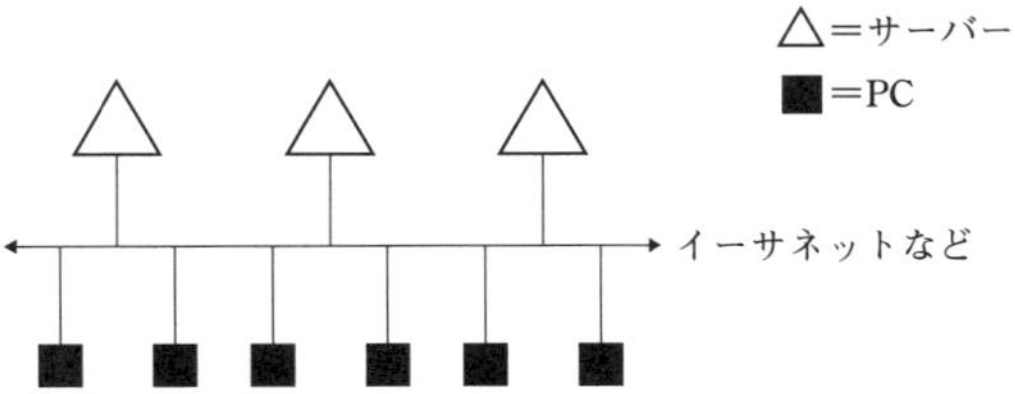

の標準化されたＬＡＮ上に各種のサーバが設置されている。しかし、ほとんどの場合、特定のサーバにソフトとデータを集中し、クライアント側のＰＣは、入出力装置として用いられている。つまり、内容的には、従来の集中処理方式と同様のシステムである。インターネットとの親和性が高いこと、ＣＤ－ＲＯＭサーバシステムなどを同一システム内で利用できることなどメリットもあるが、ＣＳＳとしてのメリットを十分に発揮しているとはいいがたい。

公共図書館の現場にＣＳＳが定着しない理由としては、現時点では、図書館システムを開発する側にも図書館側にもCSSに関する十分なノウハウの蓄積がなされていないことがあげられる。

3　広域のコンピュータ・ネットワーク

アメリカの図書館ネットワークの機能

アメリカにおける広域の図書館ネットワークのおもな機能は以下の四点であるといわれる。

①書誌情報の提供
②相互貸借
③配送サービス
④レファレンス・サービス

書誌情報の提供と相互貸借のための総合目録については、OCLC（Online Computer Library Center, Incorporated）が大きなシェアをもち、配送サービスについては、州単位で強力な配送システムが運用されている。

アメリカにおける図書館ネットワークの発達については、連邦、州の図書館法および図書館行政の整備に負うところが大きい。

ネットワークの参加館がセンター館に自館の書誌データを提供し、参加館同士が相互に書誌データを自館システムへ取り込み利用するとともに、相互貸借のための総合目録としても利用する総合的なシステムを「書誌ユーティリティ」とよぶ。

書誌ユーティリティとして最も規模の大きなものは、アメリカのOCLEで、国内の参加館二万五〇〇〇館、書誌件数は三六〇〇万件にのぼる。

日本における書誌ユーティリティとしては大学図書館をサービス対象とする学術情報センターが唯一最大である。

日本の公共図書館における広域のコンピュータ・ネットワークは、県域で二八ヵ所（『日本の図書館'97』）で接続している。ネットワークに参加している市町村立図書館は、全体の一五％にすぎない。しかも書誌ユーティリティは存在せず、大部分は相互貸借のための所蔵目録としてのデータベースである。また、ネットワーク形成の過渡的状況を反映してか多様な形態が存在する。

日本の公共図書館におけるコンピュータ・ネットワークの現状

（1）県域を単位とするもの

①オンライン総合目録型　パソコン通信などを用いて県域の総合目録を市町村立図書館へ提供するもの

富山県立図書館

②オンライン単館型　県立図書館が自館の書誌データを提供するもので、実施数としては最も多い。相互貸借は、パソコン通信の電子掲示板を用いるものが多い。

●パソコン通信を用いて書誌データを提供するもの
神奈川県立図書館、徳島県立図書館、三重県立図書館など
●インターネットを用いて書誌データを提供するもの
奈良県立図書館、香川県立図書館、岐阜県立図書館など
●専用のプロトコル（通信のルール）を用いて書誌データを提供するもの
群馬県立図書館など
●専用の端末や機器を用いて書誌データを提供するもの
滋賀県立図書館など

③スタンドアローン総合目録型　CD-ROMと所蔵データなどを組み合わせて県域の総合目録の作成をめざすもの／PC目録千葉版、PC目録文京版

④スタンドアローン単館型　都・県立図書館が自館の書誌データをCD-ROMを用いて市町村へ提供するもの
東京都立図書館（相互貸借の申請はパソコン通信で行なう）、千葉県立西部図書館

（2）広域を単位とするもの

①ネットワーク型　複数の市町村立図書館のコンピュータ・システムをオンラインで接続し、参加館の総合目録をつくるもの。これらの地域では、共通の利用券を発行し、広域の相互利用を実施しているところもある。

長野県諏訪地区　新潟県岩舟地区　山梨県石和地区　長崎県佐世保地区など

②相互検索型　図書館同士がそれぞれ相手のデータベースを検索するタイプ。パソコン通信を利用するものや、専用端末をおたがいに貸与するものなど、さまざまなタイプがある。

藤沢市立図書館と慶應大学藤沢キャンパス　市川市立図書館と浦安市立図書館など

全国的な総合目録構築の試み

通産省総合目録ネットワーク・プロジェクト

通産省は平成五年度から、情報処理振興事業協会（ＩＰＡ）へ出資を開始し、国立国会図書館から職員の出向などの協力を得て、パイロット電子図書館システム事業を実施している。

ＩＰＡ内には、通商産業省、文部省、自治省、科学技術庁などの政府機関や、国会図書館をはじめとする図書館、情報サービス関連団体の代表者、学識経験者などから構成される「電子図書館システムに関する調査研究委員会」が設置されている。パイロット電子図書館の実験システムは、平成七年に構築を完了し、平成九年現在、実証実験が進められている。

パイロット電子図書館は、総合目録ネットワーク・プロジェクトと電子図書館実証実験プロジェクトという二つのプロジェクトから構成される。

総合目録ネットワーク・プロジェクトは、国会図書館を含む、都道府県立図書館および政令指定都市立図書館の電子化されている書誌情報と所蔵情報を統合して総合目録を作成する事業である。

現在、参加館は、二七館、提供された書誌データは七三〇万件を超えている。

総合目録データベースは、索引情報、書誌情報、所蔵情報および「不採用書誌情報」から構成されている。参加館は、自館所蔵の書誌データを総合目録共通フォーマットにしたがって抽出し、ISDN回線により、センターのホストコンピュータの総合目録データベースへ転送する。

検索については、標準化されたインターネット用検索ソフトを使用している。

同一の図書についての書誌情報がデータベースに複数存在することを避けるために、同一書誌の判定を行なう機能をもつ（書誌情報の一元管理）。

通産省総合目録ネットワーク・プロジェクト参加館

国立国会図書館、宮城県立図書館、秋田県立図書館、栃木県立図書館、群馬県立図書館、千葉県立西部図書館、東京都立中央図書館、東京都立多摩図書館、神奈川県立図書館、新潟県立図書館、富山県立図書館、山梨県立図書館、県立長野図書館、静岡県立中央図書館、愛知芸術文化センター愛知県立図書館、和歌山県立図書館、大阪府立中央図書館、鳥取県立図書館、島根県立図書館、山口県立山口図書館、徳島県立図書館、福岡県立図書館、大分県立図書館、横浜市立中央図書館、大阪市立中央図書館、藤沢市総合市民図書館。

日本の公共図書館における広域のコンピュータ・ネットワークは、コストやメンテナンスの点から近い将来このさまざまな状況を抜けだし、インターネットを用いた方式へ徐々に移行すると思われる。

アメリカ公共図書館におけるインターネットの利用状況

一九九四年に行なわれた調査によれば、インターネットへの接続を実施している館は二一%で、規模が大きくなるほど実施の率は高まる。

接続先は、州の図書館ネットワークが最も多く、ＯＣＬＣ、地域のネットワークと続く。利用目的としては、電子メールが八三%、Ｍｏｓａｉｃなど検索ソフトの利用六七%、Ｔｅｌｎｅｔ利用六三%、書誌ユーティリティ六三%である。利用者へのサービスとしては、政府刊行物の提供四三%、書誌データの検索四二%、レファレンスへの回答四一%、相互貸借三八%、電子雑誌へのアクセス二三%などである。

自館の情報をインターネット上に公開している図書館は、まだ少数で、シアトル・ボストン・デンバー・シカゴ・アトランタ・ボルチモアなど、比較的規模の大きな図書館となっている。また、利用者にインターネットの端末を開放している図書館は、全米では一三%にすぎないが、規模の大きな図書館（人口五〇万~一〇〇万人）においては三二%にのぼる。

ちなみに、北欧のデンマークでは、国の政策として、全公共図書館への利用者用インターネット端末の導入が積極的に進められていて、利用者は無料で利用できる。

図書館ネットワークへの批判

アメリカの図書館界の一部の識者は相互貸借により利用者に提供される資料の全貸出冊数に占める割合は、アメリカにおいて、〇・五七％、カナダにおいて〇・七七％にすぎず、コストの点から、図書館ネットワークは必ずしも有効な手段ではないと主張している。

イギリスにおいても、複数の図書館によるコンピュータ・ネットワークと複雑な物流システムによる協力組織ではなく、集中的な文献提供システム（BLDSC＝British Library Document Supply Center：英国図書館文献供給センター）の効率性が証明されている。

4 電子図書館

図書館の機能が利用者への知識情報の提供にあるとするならば、提供のための媒体は、必ずしも印刷物である必要はない。現に、ビデオや音楽ＣＤの貸出は、公共図書館において広く行なわれている。

一方、コンピュータの発達によって、多様な電子媒体が供給された結果、コンテンツそのものをネットワークを通じて、出版社から読者へ直接提供することも可能な状況が生まれている。この状況を受けて、各国において、文字や映像・音声のコンテンツを電子化し、公共図書館や利用者に直接提供するための実験が行なわれている。

電子化されたコンテンツの供給が公共図書館を通じて開始された場合、当分の間、印刷物の提供と並行して実施されるため、図書館現場の業務の質的、量的変化が発生するであろう。したがって、司書の専門性が問い直され、さらに、従来の図書館の建築も含めた形態やあり方そのものも検討されることになるだろう。

日本における試み

電子図書館実証実験プロジェクト

通産省が国会図書館と協力して推進しているパイロット電子図書館プロジェクトにおいて、3でふれた総合目録ネットワーク・プロジェクトと対をなすものである。国会図書館所蔵のコンテンツを電子化し、ＡＴＭマルチメディア実験線を使用し、研究所、大学と結んでいる。

●電子化されたコンテンツ

①国会図書館所蔵貴重書　国宝、重要文化財など　七二二一枚

②明治期に出版された社会科学分野の全資料　二万四八三八冊

③第二次大戦前後の刊行物　二四八六冊

④社会科学系雑誌　二四タイトル一五年間分

⑤国会審議用調査資料　二六四冊

⑥憲政資料　三四三三点

⑦出版社からの提供資料　朝日ジャーナル全集、少年サンデー全集など　一八タイトル

アメリカにおける試み

米国議会図書館のデジタル化プロジェクト

一九九〇年から開始されたプロジェクトで、いくつかのサブプロジェクトで構成されており、すべてインターネットで提供されている。

インターネットによる提供であるから一般市民も自由に利用できるが、基本的には公共図書館や学校図書館の司書の介在を前提としている。

①ＴＨＯＭＡＳ　議会図書館を創設した米国大統領トーマス・ジェファーソンの名を冠したオンラインシステムで、一九九三年からの米国連邦議会の議案や連邦議会議事録の全文と要旨がすべて検索可能なものである。

②ＧＬＩＮ（Global Legal Information）　アメリカ以外のＧＬＩＮ参加国の法律、規則の全文を当該国の言語により構築したデータベース。一九九四年以降の法律、規則が主たる内容となっている。

③その他、議会図書館の各種展示物のオンライン化（一九九五年）などのプロジェクトが進行している。

④ＮＤＬ（National Digital Library）ＰＲＯＧＲＡＭ　世界最大の図書館といわれる米国の議会

図書館の所蔵約一億一一〇〇万点のうち書籍以外の写真、映画、パンフレットなど、八〇〇〇万点をデジタル化し、インターネットで公開しようとするものである。とくに、全米一万五〇〇〇学区の幼稚園から第一二学年（日本の高校三年）までの学校図書館と、一万五〇〇〇の公共図書館において、利用されることを大きな目的としている。

たとえば一九九〇から九四年にＮＤＬに先立って構築され、ＮＤＬの中核的コレクションデータベースとなっている「アメリカン・メモリー」には、歴代米国大統領の写真、文章などをはじめとして、図書や雑誌以外のアメリカの歴史的、文化的資料がデジタル化されており、上記の期間、実際に高校までの一六校と大学一八校において、授業に利用されている。その結果、教師も生徒もともに、教科書への依存の度合いが低下し、さらに生徒の学習意欲が高まったと報告されている。

一連のプロジェクトにおいて最も重視されたことは、図書館利用者、学生、教育関係者にとっての価値および関心、つまり利用者のニーズであり、プロジェクトを支える基盤は、大統領行政機関および議会からの支援だとしている。行政機関からの支援とは、資金とともに国家レベルでの政策を意味する。

それでは、アメリカの学校図書館、公共図書館の現場は、機械化、電子化のみを推進しているかというと、けっしてそうではない。大学卒業後、専門の機関で専門教育を受けた司書を学校図書館と公共図書館に大量に配置し、従来通りの図書、雑誌などの印刷媒体による情報提供を物流も含めた全米的なネットワークにより維持している。つまり従来型の図書館ネットワークを高い水準のまま維持しつつ、デジタル化も推進しているのである。

著作権処理

日本の電子図書館パイロットプロジェクトにおいても、アメリカ議会図書館のNDLプログラムにおいても、コンテンツを公開するための著作権者の許諾を得る手続きが、大きな問題となっている。たとえば、週刊誌一冊の内容をネットワークを通じて、一般の市民が自由に閲覧し、プリントアウトできるようにするためには、数百人の権利者の許諾を得る必要がある。

公共図書館において、CD－ROMを一般図書と同様に利用に対して貸出し、あるいは、館内において利用者が内容を自由に、プリントアウトする場合にも著作権上問題が生じるとされている。したがって、電子図書館を構築するためには、著作権を集中かつ効率的に処理するための公的な機関の創立が不可欠である。

参考文献

立花隆『インターネット探検』　講談社　一九九六年
F・W・ランカスター『紙からエレクトロニクスへ』　日外アソシエーツ　一九八七年
田屋裕之『電子メディアと図書館』　勁草書房　一九八九年
長尾真『電子図書館』　岩波書店　一九九四年
M・K・バックランド『図書館サービスの再構築：電子メディア時代へ向けての提言』　勁草書房　一九九四年

上田修一『書誌ユーティリティ』図書館員選書一八　日本図書館協会　一九九一年
日本図書館協会『公共図書館のコンピュータ利用調査報告書』一九九四年
文部省『県立図書館の役割と実践』一九九四年
日本図書館協会『図書館ハンドブック　第五版』一九九〇年
坂本徹朗『図書館とコンピュータ　第三版』図書館員選書三　日本図書館協会　一九九六年
日本図書館学会研究委員会編『図書館ネットワークの現状と課題』論集・図書館学研究の歩み　第一一集　日外アソシエーツ　一九九一年
田尾雅夫他『コンピュータ化の経営管理』　白桃書房　一九九六年

第一〇章　公共図書館とマーケティング

1　はじめに

アメリカ・マーケティング協会は、一九八五年に『マーケティング』の概念について、「個人および組織の目的を満足させる交換を生み出すために、アイディア、商品、サービスのコンセプト、価格づけ、プロモーション、流通を計画し、実行する過程」と規定している。

アメリカなどにおいては、マーケティングは、単なる市場調査や販促などにとどまらない、より大きな概念として存在していることがわかる。

また、企業ばかりでなく、公共機関などの非営利組織やＮＰＯにおけるマーケティングの研究もさかんに行なわれており、実際に現場への導入もさかんである。

一方わが国では、近年、行政改革が叫ばれ、効率化、コスト感覚の重視などが重要課題とされている。日本においても、非営利組織のマーケティングについて、積極的に検討すべき時期にあると思われる。

浦安図書館においては、マーケティング理論そのものを積極的に導入しているとは言い難いが、さまざまな図書館のサービスや業務を、各セクションが恣意的に行ないがちであった状態から、統一的なコンセプトのもとに、業務や組織の再編成を実施し、各種の統計分析やPRに取組みつつある点は、企業のマーケティングと類似している点もあるように思われる。

マーケティングにおける要素に、該当、あるいは類似すると思われる部分について、浦安図書館の現状を述べる。

2　浦安市立図書館について

浦安市は、西を東京都江戸川区に隣接し、東は千葉県の市川市に接し、東京湾最奥に位置する。市域は約一七平方キロメートル、人口は約一二万八〇〇〇人である。

図書館システムは、主に市民の居住している一二平方キロメートルの地域を中心に、中央図書館と六ヵ所の分館を配置し、施設から一キロメートル以上離れた地域には、移動図書館を巡回させている。市民の九〇%は、歩いて一〇分以内にいずれかの図書館へアクセス可能である。

所蔵冊数は全館で約九〇万冊。年間の貸出点数は約一五〇万点（ビデオなど含む）。年間の来館者数約七〇～八〇万人。

小学校などへ司書が出かけて行なう読み聞かせなど年間約六〇〇回。ハンディキャップをもつ市民への宅配年間約四〇〇回。リクエスト約四万件、資料案内約五万件、レファレンス六〇〇〇件。

浦安市立図書館のサービスの目標は、全域奉仕と専門職による高レベルのサービスを実施することにある。この目標は市のトップが政策として打ち出したものであり、市は目標の達成を図るために、複数の施設の配置、専門職の積極的採用、比較的多額な資料費の継続的な投入を実施した。

公共図書館としての最優先、最重要の機能は、市民に対する知識・情報の提供にあると考える。図書館資料の提供はこの機能を達成するための最も重要な手段である。したがって、資料提供サービスを図書館の諸業務、要素のピラミッドの頂点に置くことが、当館のマーケティング・コンセプトといえるであろう。

一貫性のある統一的なコンセプトの存在は、効率的に利用者の要求を満たすために重要な要素である。また、適切な人員配置や予算配分が可能となり、長期計画の策定においても達成目標の設定を容易にする。

従来の公共図書館においては、統一的なコンセプトの設定については、必ずしも積極的ではなかったが、規模が大型化し、業務も多岐にわたり、組織が複雑になりつつある現状においては図書館運営にとって、最も重要な作業になりつつある。

3　マーケティング・リサーチ

マーケティングにおいて、調査分析はマーケティングそのものであるかのような誤解を受けるほど重要な要素である。

当館における、データの収集と検討の現状は以下の通りである。

独自調査分析

サービス実績は、月単位で集計し、翌月の全員ミーティングの際に各担当者が分析をまじえて発表する。

調査分析項目

貸出（館別、資料別、平均、累計など）

登録（館別、住居別など）

リクエスト・サービス（資料別、相互貸借数など）

集会事業

アウトリサーチ・サービス（サービス別、参加者数など）

書庫利用

ハンディキャップ・サービス（サービス別）
病院サービス（サービス別）
資料案内
レファレンス・サービス
当該月と前年同月の比較なども行ない、変化が認められた場合、担当者の分析結果が求められ、問題があれば対応策の提案なども求められる。
年度単位の業務分析の発表は、通常翌年五月頃に行なう。各担当者により、前年度の各業務に関する状況報告と分析が行なわれる。発表形式は自由なため、大型の多色刷りのグラフなどを駆使して、プレゼンテーションを行なう担当者もいる。
月次、年次報告により、全体の状況を各自が認識し、互いにモチベーションを高め合う効果が存在すると思われる。
平成五年から開始した「本の案内」サービスは、いわゆる資料案内サービスであるが、中央館だけでも年間二万人以上、質問件数五万件を処理している。コンセプトである資料提供を円滑に行なうために、きめ細かな対応を担う窓口として、経験年数五年以上の職員を配置している。
五年間実施した結果、「本の案内」コーナーはリサーチのためのデータ収集の窓口としても、非常に有効であることが判明した。レファレンス室と異なり、オープンスペースに接して設置され、常時中堅の職員が対応可能なことにより、トイレの場所から、高度な相談まで、図書館と本に関するさまざまな質問が寄せられる。

これらの質問は、記録され、各担当職員が分析し、各業務に反映させることが可能となっている。アメリカなどでは、同様な機能をもつサービスが以前より普及しているが、日本の公共図書館では、いまだ定着していないサービスである。

また、レファレンス・カウンターにおける利用者とのコミュニケーションや集会事業の参加者に対するアンケート結果などもニーズの分析を行なう際に有効である。中央図書館開館後一五年が経過したことから、来館者および市民に対する大規模な利用調査の必要性を感じている。近い将来、大学のゼミなどとの協同で実施したいと考えている。

他機関による調査結果の分析

首長部局、教育委員会などの各部局において実施される市民意識調査、あるいは大学のゼミなどが当館を対象として実施する各種調査などは、貴重な分析材料となる。また、他の自治体の図書館を対象とした調査報告なども可能な限り収集に努めている。

その他のニーズ・情報の収集

いわゆる口コミによる情報収集も重要な業務であると考える。図書館協議委員や「図書館友の会」会員よりの声などは、集約し、業務に対する検討材料とすべきものである。投書は、利用者の要求が直接反映されるものであり、さらに返答することにより、図書館のコンセプトをＰＲできるチャンス（プロモーション）でもある。中央館をはじめ、各分館に投書箱を設置し、回答の内容については係長レベルで処理を行ない、一週間以内に返答する体制をとっている。また、市長への投書や、市の議員、市の関係団体、市の職員などからの要望、情報なども重要なデータとなる。

新聞、雑誌、テレビなどからの情報収集も重要な業務である。新聞、雑誌については、浦安市関連、行政一般、図書館関連の記事は切り抜きを行ない、ファイル化し、記事索引などの作成も実施している。

4　マーケティング・ミックス

マーケティング・ミックスとは、マーケティングの目的を達成するために、特定の顧客を対象としたマーケティング諸活動を最適に組み合わせることであり、一般的に以下の四要素により構成される。

・製品
・場所（販売経路、流通など）
・プロモーション（ＰＲ、販売促進など）
・価格

公共図書館における要素に置き換えた場合、おおむね以下の要素に該当するであろう。

・サービス
・図書館システム、相互貸借システム、取次との流通など
・PR
・コスト

以上の四要素については、図書館全体のコンセプトを達成するために統一的、一貫的に構成されるべきである。

たとえば、児童向けサービスとハンディキャップ・サービスが異なった方針で運営されるべきではないし、利用者と、直接接する担当者と選書担当者が別々の組織に属した結果、セクショナリズムが発生するなどという状況は、避けるべきである。

当館においては、業務遂行と、意志決定のために、従来の係のワクを越えた、複数の組織を設置することにより、閉鎖性を排し、円滑な業務遂行と、統一的なコンセプトの維持に努めている。

サービス　サービスは、マーケティングにおける製品に当たる重要な要素である。当館では、サービスのコンセプトを知識・情報の提供の手段としての資料提供に置き、ほかのすべてのサービス、たとえば、リクエスト、レファレンス、ハンディキャップ・サービスなどは、資料提供をささえるものと位置づけている。

PR　マーケティング・ミックスのプロモーションの分野は、公共図書館において最も未着手の

分野といわれている。

ＰＲという言葉からは、派手な宣伝活動をイメージしがちであるが、サービスそのものこそが最大のＰＲであると考えたい。

いわゆるＰＲ活動は、質の高いサービスが存在してはじめて効果を発揮するものである。この点をプロモーション・コンセプトと定めたい。

ＰＲは、漫然と行なうのではなく、利用者（一般市民）、市のトップ・議員など政策決定権をもつ者、および、政策決定者に対して影響力をもつ者、自治体の他部局の職員、マスコミ関係者など、対象を明確化し、図書館との関係を考慮したうえで各対象に対して、最も効果的なＰＲを展開すべきである。また、各対象グループ内の影響力の大きな人物（キーパーソン）への働きかけは、最重要課題である。

議員や首長部局の職員の業務に対し、資料提供やレファレンスなどにより支援することは、サービスを通して図書館の存在理由を示すことになり、最も有効なＰＲ手段である。

図書館友の会の会員、読書会のメンバーが市長や議員に対して、図書館の必要性をアピールする際（ロビー活動）には、説明のための資料や統計などを提供し、積極的に支援したいと考える。

新聞や雑誌、テレビなどのマスコミのＰＲ効果は絶大である。図書館の集会事業などの情報を平素から提供し、新館開設や新しい事業の開始などの大きなイベントの際には、取材を要請し、マスコミ向けの原稿を用意し、市のトップなどを招き、図書館友の会のメンバーにも参加してもらうなどの工夫が必要である。マスコミの報道により、キーパーソンが図書館を意識し、未利用者の注意を図書館へ向けることが可能となる。新聞社の支局の担当記者の氏名程度はリストアップしておくべきである。

企業イメージは、トータルなものだといわれる。図書館においても、サービスだけでなく、建物の外見・内部のインテリア・書架のレイアウト・サイン・照明・空調・BGM、職員の態度などすべての要素が混然一体となって、利用者にとっての図書館のイメージが生成されると考えるべきであろう。したがって、これらの要素に図書館のコンセプトが一貫性をもって反映されることが望ましい。当館においては、サインなども統一し、手書きのはり紙などは禁止している。

浦安市は、海浜都市であることから、海と緑の連想からブルーとグリーンと白をイメージカラーとしている。図書館もこの三色を用いて、移動図書館、貸出袋、利用券のデザインを統一している。また、各サービスの利用案内も形と大きさを統一し、一貫性のあるものとしている。さらに、ポスター、封筒、名刺などのデザインも今年度中に統一する予定である。

Ⅲ

第一一章　全域奉仕をめざしてきた一〇年

中央図書館が開館して、一〇年が経過した。この間に、中央図書館建設計画（一九八〇年に策定）に盛り込まれた、一中央館四分館一移動図書館からなる図書館奉仕網が完成し、一九八九年には、中央図書館に附属する書庫棟が増築されている。また、現在五番目の分館の建設が検討されている。

近年、成人の利用増加、土・日曜日の利用増加、リクエストの増加がみられるが、とくに書庫棟開設後、中央図書館への利用集中が著しい。

これらの利用の変化をうけ、次の一〇年へ向けて、施設・設備や組織・サービスのあり方について全面的な見直しを進めている。

1　浦安市はどういうまちか

浦安市は、東京都と千葉県の境となっている旧江戸川の河口に位置し、千葉県の市川市に接する部分を除く三方を海と川に囲まれている。

一九六〇年代半ばからの埋立てにより、市域は、それ以前の四倍の一七平方キロメートルとなり、そのうちの一二平方キロメートルに、約一二万人が居住している。さらに海寄りの三・七平方キロメートルの地域が造成中で、今世紀末までに六～八万人が転入すると予想される。

市内三つの駅から都心まで一五～二〇分の距離にあるため、勤め人の九〇%が、東京に勤め先をもつ、典型的な都市近郊の住宅地である。そして、新しい市民が人口の大部分を占めるうえ、市民の平均年齢が非常に若く、したがって活動的で、教育熱心である。また、東京・神奈川・埼玉・大阪・愛知などからの転入者が多いため、図書館の利用経験を持つ市民が多いと思われる。

2　専門職館長を迎えて

一九七〇年代半ばに入ると、浦安市は、市民の要求を先取りするかたちで公共施設の建設を矢継ぎ早に開始するが、図書館についても一九八〇年度に設計委託料が予算計上され、八月に検討委員会が設けられ、一二月には「(仮称)浦安町中央図書館建設計画書」が策定されている。

この間、当時の浦和市立図書館長であった鈴木四郎氏を講師として招き、日野市立図書館などの先進図書館の視察を重ねている。

一方、同年四月には、市民団体「こんな図書館がほしい会」が発足し、菅原峻氏を講師に招き、やはり活発に先進図書館の調査研究を行ない、議会や教育委員会への働きかけを始めている。

市民から示された要望については、検討委員会が策定しつつあった計画の内容と、大きく異なる点はなく、最終的に「計画書」に反映されるかたちとなっている。また、図書館奉仕網構築の重要ポイントとなる分館を、地区公民館に併設することも、この時期に決定されている。

翌年四月、千葉県立図書館より初代専任館長が着任すると、一中央図書館二分館の建設と開始準備のみならず、市民の不満を軽減するための自治会文庫への配本や移動図書館の更新、また資料の収集、整理を円滑に運ぶため、市内の書店に対して、書店協同組合の結成を働きかけるなど、いくつかの業務が同時進行で進められることになる。

浦安市では、タイミングよく専門職館長を得られたわけだが、一般的に、この時期に専門職館長が、市民、教育委員会、首長部局の間を積極的に調整し、関係者が明確な図書館像を共有できるようコーディネイトすることが、その後の図書館の運営を円滑に行なうために、非常に重要なことである。

また浦安市においては、市長をはじめとする市上層部の先見性、首長部局の理解と協力、教育長をはじめとする教育委員会の主体的な努力、そして、なによりも市民の熱意がなければ、現在の市立図書館のシステムは、存在することができなかったと思われる。

3 全域奉仕をめざして

「(仮称)浦安町中央図書館建設計画」には、中央図書館だけでなく全市的な図書館像が記されている。第一に全域奉仕の方針が明確に述べられており、さらにサービスの内容については「子どもの読書に力を入れる」「お年寄りや身体障害者」「学び、考える住民のために」「図書館は市の頭脳として住民文化活動の拠点に」と規定されている。

中央図書館については、全図書館に対してレファレンスをはじめとするサービス、資料(提供・保存)の拠点であると位置づけられ、「位置は住民の生活動線の中心付近が望ましく」「ひと目で図書館とわかり」「入口まで自然に導かれ」「そこから館内がゆっくり見わたせ」「目的のところが自然にわかるように」する。

また、「貸出」のため「主階は開架スペースで構成する」と明確に規定し、独立した児童スペースの必要性と、レファレンス・サービス、視聴覚サービス、障害者へのサービスのための施設・設備の整備、そして開架書架は、「スペースを十分とる」ことを強調し、また、「照明については、できるだけ自然光をとり入れ」、家具、備品については質の良いものを選択するよう規定している。

4　施設のあらまし

現中央図書館は、一九八三年三月に開館した三〇二五平方メートルの部分（既存棟）と、一九八九年四月に開設した二二六五平方メートルの部分（書庫棟）とから構成されている。

既存棟と書庫棟は、ともに地上二階地下一階で、一階部分を渡り廊下で連結されており、外見は、違和感のないよう、高さ、形状を統一し、外壁タイルも同一のものとしている。

全体としての所蔵能力は、図書のみで約六五万冊（うち開架三五万冊）である。

（1）既存棟

既存棟は、当初単独の施設として建設されたもので、「計画書」の理念を生かし、アプローチ、エントランスホールから、一階の一般開架室、レファレンス室、児童室まで、段差のない構造をもち、広い開口部とトップライト、木製の低書架と床材により、明るく柔らかい空間をもつ。

一階部分の開架スペースには、一般、レファレンス、児童用の約一五万冊の図書が排架され、図書館の主要なサービス機能は、一階に集約されている。

二階には、視聴覚室と附属施設、集会室（約二〇席）、事務室、印刷室などがあり、地階には、移動図書館用車庫と閉架書庫（約五万冊）、機械室が配置されている。

（2）書庫棟

書庫棟の主要な機能は単なる資料の保存ではなく、市内全館に対する資料の整理とバックアップにある。

一階部分に休憩コーナーを兼ねた、既存棟との連絡通路を持ち、地階は敷地が既存棟の部分より二メートル低くなっているので連絡通路のある面を除いて、すべて外気に接し、窓などの開口部を持つ。
一、二階はそれぞれ一〇万冊を所蔵する積層書架からなり、既存棟と同様、自由に出入りできる開架スペースとなっている。一、二階の窓際には、利用者が調べものをするためのキャレルデスクを合計二八席配置してある。
一階にはカウンターと集会室(約四〇席)、電算室、録音室を兼ねた対面朗読室、学習室を持つ。将来の電算ネットワークに対応するため、既存棟の交換機からの電話線を電算室まで配線し、さらに電算室からキャレルデスクまでは、データ線のための配管を設置している。

地下は職員のみのエリアで、二四万冊所蔵可能な閉架書架と作業室、機械室などを持つ。

地下の閉架書架と作業室は全館の資料管理の拠点であり、発注受入れ、資料の整備・装備、データ管理、見計本・寄贈本の選書、全館からの間引本の選別・整理、図書・雑誌の廃棄作業、団体貸出用資料の出納、病院サービス用資料の整理と殺菌など、単に古くなった本を保存する静的な空間ではなく、資料を整理し、活用するための作業空間となっている。

(3) 第一群、第二群資料

既存棟では、大部分の利用者の要求に対応するため、新刊と基本的資料を主体に所蔵している。

主にNDC分類の四桁で排架を行ない、第一群資料と呼ぶ。

書庫棟一、二階の開架スペースには、各館から間引かれた資料のうち、内容的には充分利用価値があるものの、利用度が低下したもの、新刊でも内容がごく専門的なものなどを収集し、NDC展開そのまま（五～六桁）で排架し、第二群資料と呼ぶ。

書庫棟地下の閉架スペースには、内容的に価値が減少し、各館で間引かれたもの、雑誌のバックナンバー、などが収容されており、第三群資料と呼ばれ、図書については、NDC三桁で排架される。

（4）ブックディテクション

各館から、書庫へ移管された資料は、利用度、資料的価値などにより、開架に出すべきか、閉架に保存すべきか、廃棄すべきか、など検討したのち、新たな資料群として再構成したものであるため、亡失を避けたいと考え、ブックディテクションを開架書庫の入口に設けている。個人貸出用のビデオテープもBDS用装備を行ない、書庫棟開架に排架している。

5　どのように利用されているか

一九八三年度、市民一人当たりの貸出冊数一〇・八冊という利用があったのち、人口増にともない八～九冊というレベルで推移したが、一九八九年度に入ってから貸出数が増加し、一九九二年度では、再び一〇冊を超えている。

貸出以外の利用も含めた図書館サービス全体に対する市民の利用率は、一九九〇年に社会教育課が行なった「市民意識調査」において、全市で五六・五％、新市街においては六六・五％となっている。

利用が促進される理由としては、全市民の九〇％以上が歩いて一〇分以内で、いずれかの図書館を利用できること。分館における、資料の更新が順調に行なわれ、中央図書館では、資料の蓄積が行なわれていること。そして、専門職員の人数が比較的多いため、専門的業務の蓄積が可能となっているからではないかと考えている。

一九八七年の東洋大学のゼミの調査によれば、分館利用者の六三・一％が中央図書館も同時に利用しており、市民が各自、余暇時間に応じて、中央図書館と、各分館や移動図書館を使いこなしていることをうかがわせる。

これは消費者行動に類似したもので、平日は主婦や児童が近所の分館を利用するが、土・日曜日は家族連れで自動車に乗り、中央図書館へ集中する現象として現れている。

「施設が身近にあること」や「施設の質が良いこと」、「資料が多様で豊富にあること」や「職員のサービスが良好であること」などは、それぞれ非常に重要なことであるが、ごく一般的な利用者は、これらの個々の要素を個別に意識しているわけではなく、これらの要素が混じり合った、全体的なイメージとしてとらえているのではないだろうか。

デパートやホテルが評価される場合、サービスや品揃え、設備など、個々の要素を評価しつつ、実は全体的なイメージで評価していることが多い。

図書館においても、空調、植栽、トイレの清潔感まで含めた、全体的なイメージによって、利用者を引きつける度合いが変化すると思われる。

6 今かかえている課題

人口一二万人の都市の図書館として見た時、現施設は、まったく申し分のない規模と機能をもっているが、実際には、数倍の人口規模の自治体と同程度の利用に対応しなければならないために、業務が増加し、人員も増え、若干の課題が生じている。

（1）「読書案内」カウンター

利用者の要求を充分に受けとめるため、中央カウンター内に「本の案内」コーナーを一九九三年六月に設置した。設置直後から予想を上回る利用があり、土・日曜日は、利用者が順番を待つほどである。英米の図書館では、以前よりインフォメーションのための専用カウンターがあり、ベテランの司書が配置されている。

当館においても、独立した「読書相談」カウンターの設置を検討中である。

（2）電子機器の利用

パソコン、ワープロを持参する利用者のためのスペースの提供、また、ＣＤ－ＲＯＭ、外部データベースなどを、来館者が直接利用するための設備や配線について、建物の完成後に設置することは困難な場合が多い。

（3）利用者のための喫茶スペース

キャレルデスクなどで長時間調べものをする利用者が増加することにより、喫茶スペースの必要性が高まっているが、現在の施設の中に設置することはスペース、水まわりやガスの配管、臭いや虫の発生などの問題があり困難である。近い将来、隣接地に建設される公共施設との間で解決したいと考えている。

（4）作業スペース

既存棟のみの時点では、作業スペースは決定的に不足していたが、書庫棟の中に設置できたことで、ある程度緩和され、見計らい選書や自館装備も可能となった。

しかしながら、書庫棟の規模は、当初三〇〇〇平方メートルであったものが、着工直前の資材・人件費の高騰により縮小され、作業室は半分に、荷解き室、倉庫は廃止された結果、資料の整理・装備のためのスペースが不足している。また、印刷物や展示物の作成のため、材料や小物を広げ軽作業を行なうようなスペースも充分でない。

（5）職員の休憩スペース

既存棟二階のスタッフラウンジと和室（計三四平方メートル）を職員の休憩室として使用している

が、臨時職員を含めると四〇人を超える現状では、充分とは言い難い。男女別に、それぞれ何人かが同時に横になれるスペースが必要である。

7 将来計画

(1) 全域奉仕の徹底

最も大きな課題は、近い将来高層・中層の住宅が建設され、六～八万人が居住すると予想される第二期埋立て地における図書館施設の建設である。

従来どおり中学校区に一館、分館が設置されるとすれば、この地域には、三つの分館が地区公民館の中に併設される。

(2) 地区図書館の建設

土・日曜日における、中央図書館への利用の集中を分散させる必要があること。

また、従来の視聴覚資料を含む電子媒体による資料提供、専門的なものを含む広範な雑誌の提供、思春期にある利用者へのサービス、ディズニーランドおよび隣接するホテル、新浦安駅付近の商業地域へのビジネス・サービスなど、中央図書館との間で、機能分担を図りうる施設が必要であること。以上の点から、三〇〇〇平方メートル程度の地区図書館が必要と考えている。

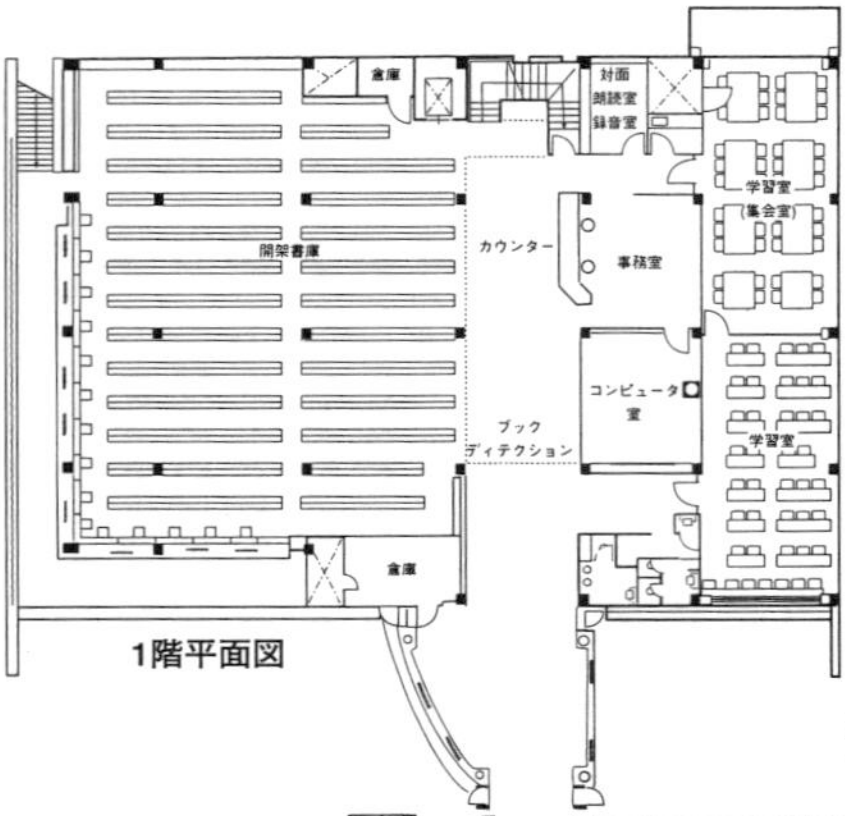

1階平面図

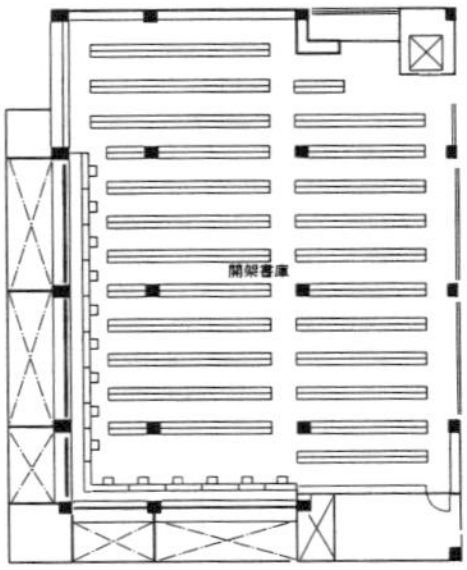

2階平面図

▲書庫棟(増築)
▼既存棟

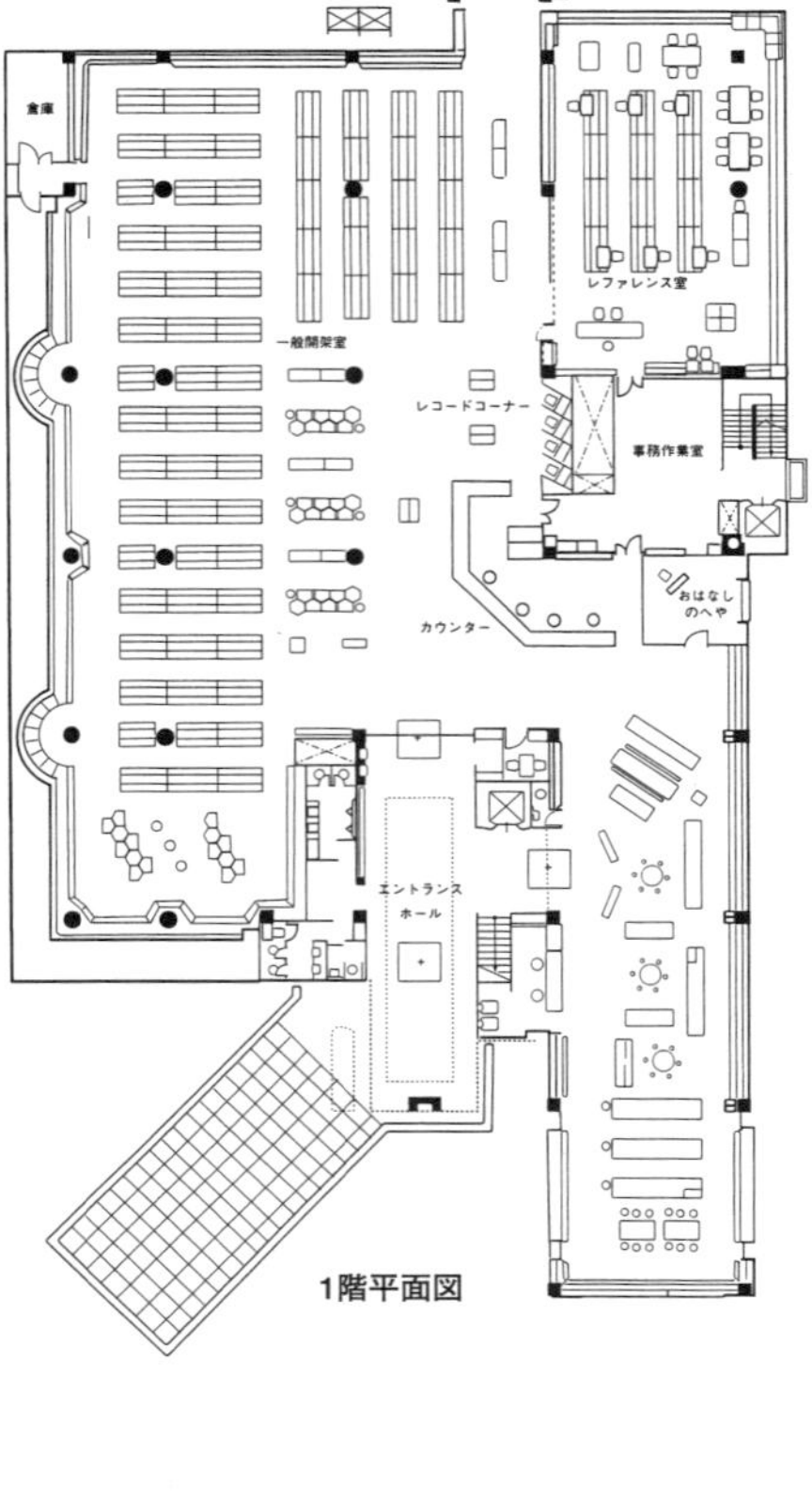

1階平面図

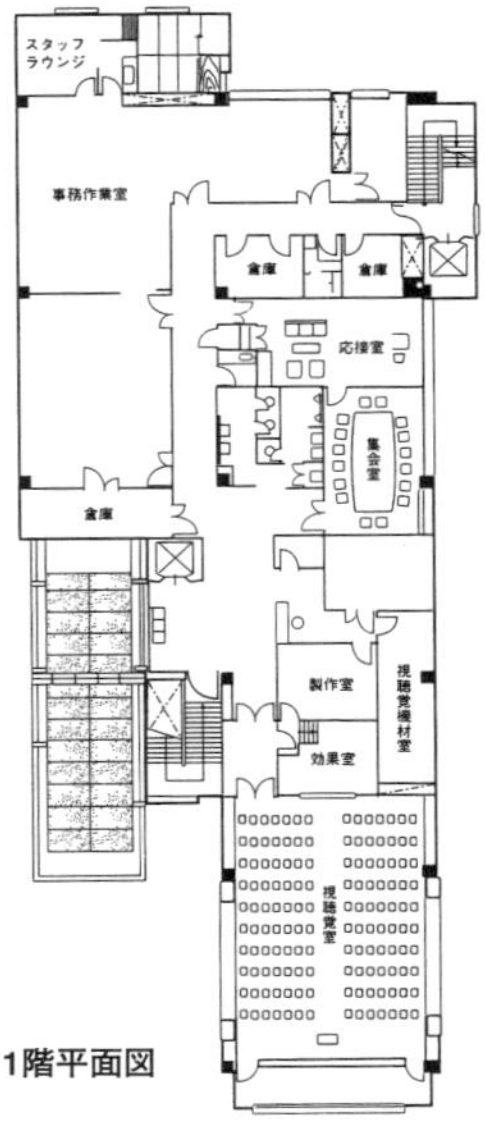

1階平面図

1989年　増築当時のもの

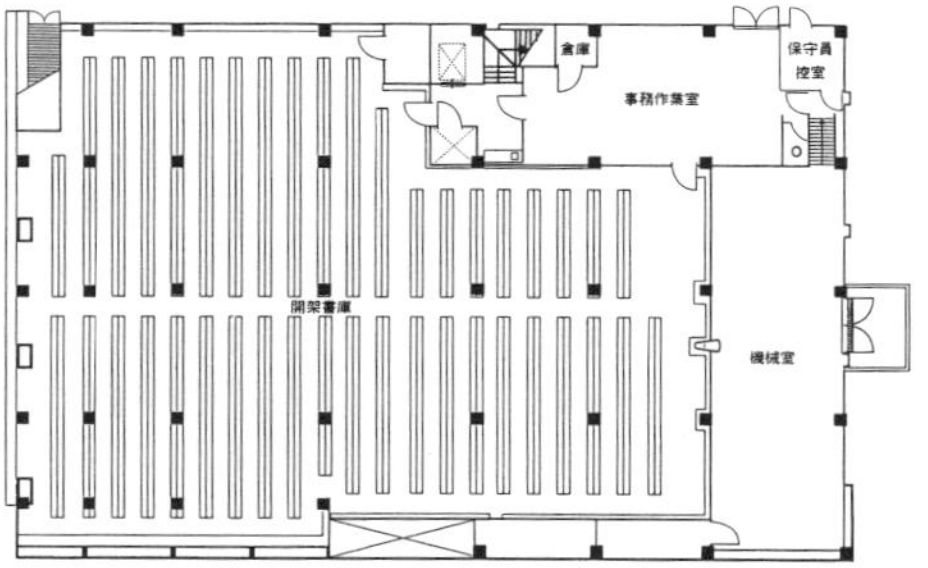

地下1階平面図

▲書庫棟(増築)
▼既存棟

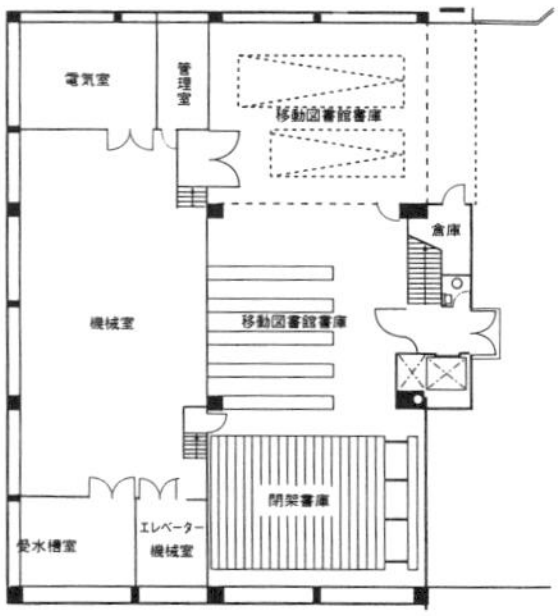

地下1階平面図

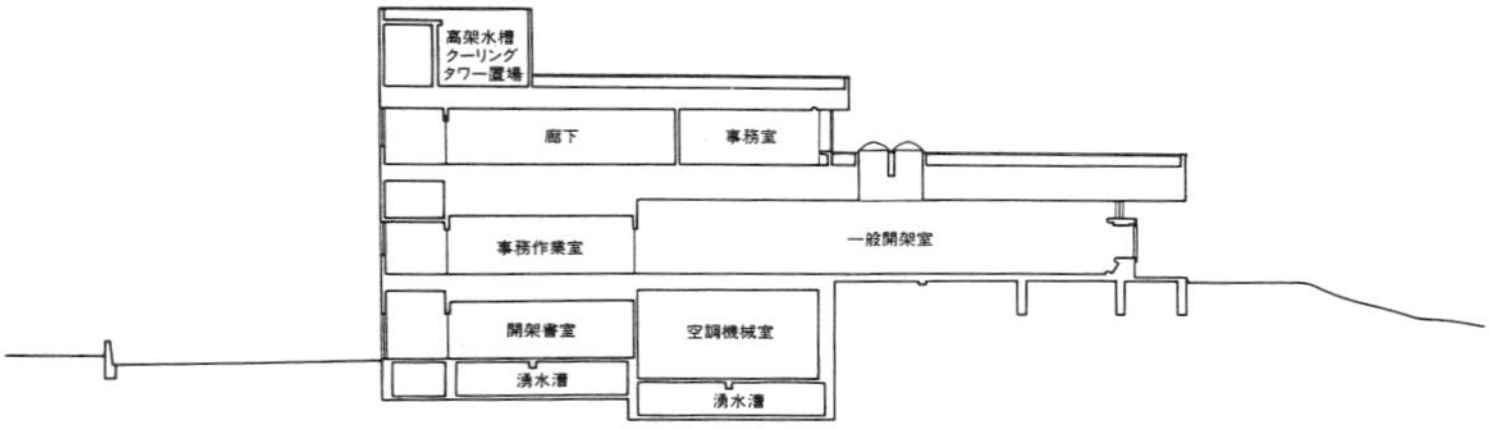

断面図

移動図書館　2003年２月

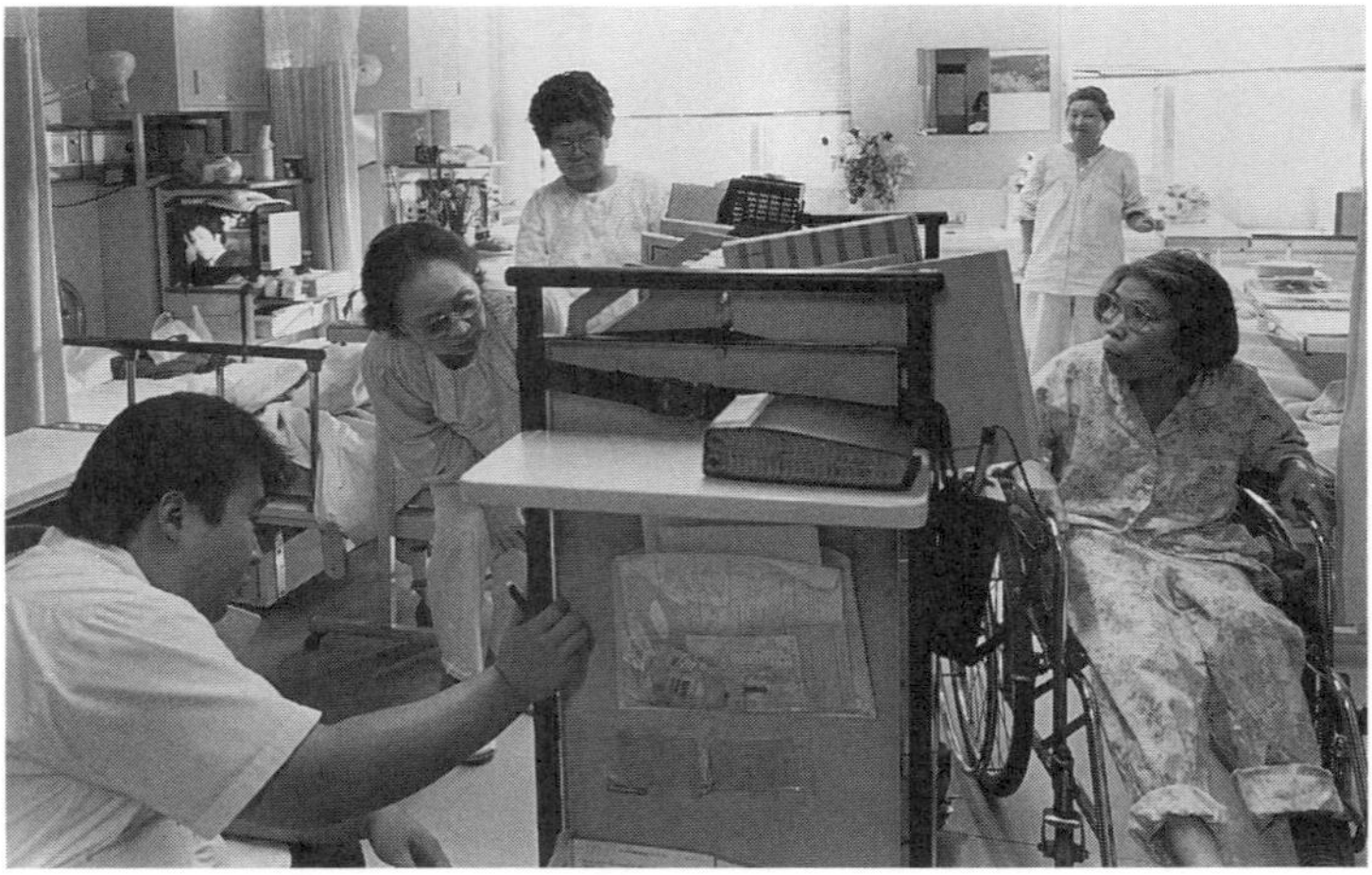

病院における巡回サービス　1998年３月

ビジネス支援セミナー　2003年２月

分館での読み聞かせ（保育園児）　2003年２月

浦安市と浦安市立図書館に関する基本的データ（2002年度）

人口	138,110人（2002年4月1日現在）
貸出点数（１人当り）	1,710,513点（12.4点）
蔵書数	969,807冊
レファレンス件数	124,916件
リクエスト件数	84,591件 （うちインターネットによるもの8,720件：11月より実施）
児童サービス	館外　796回　22,951人 館内　651回　3,499人
ハンディキャップサービス	宅配　368回　3,143点 病院への貸出　9,424冊 病院よみきかせ　21回　132人
集会事業	580回　5,823人
検索件数	館外からのインターネット　399,834件 館内の端末　403,908件

あとがき

本書の構成は、おおむね概括的なものから個別具体的なものへと並べたつもりである。いくつかの章について、若干補足することにしたい。

・序章　本書のために、編集者に語りおろしたものに大幅に加筆した。趣旨を誤解されるといけないので、少しつけ加えると、民主主義がなくなる、あるいは現在の憲法がなくなると言いたいわけでは決してない。法律に象徴される人間の営みを超えて、人間の「知りたい」という欲求が、より根源的なものであり、その部分に図書館は存在の立脚点をもつということが主旨である。もちろん現在の法によって裏づけられる図書館の存在意義は、いささかも減じるものではない。

・第一章　多摩市と浦安市は、人口、面積がほぼ同一であり市民の傾向も類似しているが、地勢的には全く異なる。本文にあるように図書館システムの状況も著しく異なっているため「理想的な図書館はない。地域の状況に合った図書館があるだけだ」という図書館における大きなテーマを比較研究するサンプルとしては最適である。

有料の商用データを複数図書館が使用料を負担し合い共同利用する構想については、日本図書館協会が中心となり、「日経テレコン21」を対象として平成一五年四月より開始されている。
・第二章　一九九六年二月、大阪府子ども文庫連絡会の児童文化講座のＰａｒｔⅢでお話した内容である。ここで述べた組織の運営については、現在も試行錯誤を続けている。当時は、「係」を基本にしつつ業務グループと蔵書構成グループが存在していたが、現在は実質的には、係制を廃して蔵書構成グループを中心に据えて、業務グループと連携して業務を遂行するコンセプトとなっている。図書館における組織のあり方は、図書館運営における大きな課題である。現状についても、一通過点に過ぎないと思っている。
・第三章　一九九八年一〇月に、三多摩図書館研究所の集会で話したもので、日本の社会の中では、なぜ「専門職」の位置づけが不安定であり、「専門性」に対する評価が低いのか、自分でも整理できずに悶々としている状態をそのまま表現してしまった。文章としても整理が充分でないと思っている。「政策」と「専門性」の関係は、自分にとって大きな課題である。後半は、図書館の機能を館長のあり方を通じて象徴的に表現したつもりである。
・第五章　ＮＰＯ、ＰＦＩ、ボランティア導入、民間委託の最大の目的は「コストの削減」にある。したがってコストが安ければ安いほど、評価は高くなる。しかしながら一定のサービスの質を維持するには、一定のコストが生ずることは当然のことである。緊急に必要なことは、図書館サービスの質を評価するシステムをつくることである。完璧な評価基準をつくることはもちろん困難だが、現在の指標のいくつかを組み合わせることで、ある程度の「質の評価」は可能である。市民にもわかりやすく、かつサービスの質を表現できる評価が必要である。

・第六章　全国各地で、市民の方々と交流するとき必ずといってよいほど指摘されることは、従来からの図書館の機能やサービスの水準を向上させることはもちろん必要だが、同時に「仕事や生活に役に立つ」図書館になってほしいということである。ビジネス情報だけでなく、インフォームド・コンセントやセカンド・オピニオンのための医療情報の提供なども図書館の重要なサービスになると思われる。

・第七章　作家と一部の大手版元の主張は、一見似ているが本質的には異なっている。一部の大手版元の主張の過ちは、本文の通りであり、新刊書の売上げの低下の最大要因はバブル崩壊後の国民全体の購買力の低下とわが国の出版流通全体の構造的な問題に起因すると考える。一方、作家の主張は、自分の作品が読まれたことに関する対価について、作品を買い支える読者に対する感謝から発しているもので、方法論はともかくとして、図書館人としても理解できるものである。当事者間の非公式な打ち合わせがもたれており、相互に共通の認識持つために、いくつかの調査を開始するとも聞いている。

問題の本質は、図書館を使って日本をどうするかという文化政策、情報政策に関わる全国民的問題であり、経済的問題のみに矮小化すべきものではない。

また「作家と版元対図書館」という構図は間違いである。図書館は市民の権利やニーズの代弁者であり、本来この問題の本質は「作家と版元対国民」という構図のはずである。したがってどのような形であれ、この議論には、市民（読者）の代表の参加が不可欠である。

・第八章　開館時間は可能な限り長くすべきである。しかし市民が求めているのは量か質か、両方必要だとすれば、コストがかかるという当たり前のことを認識すべきである。「安物買いの銭失い」ということになりかねない、ということが現実に起きているのではないか。

アメリカでは予算が削減されると、まず開館時間、開館日数が減らされることが多い。図書館政策あるいはサービス方針の転換という視点でとらえることが重要である。

・第一〇章　当館においても「市民のため」と言いながら、実際には市民の声を聞かずに、従来からの先入観に基づいてサービスを行なっていることが少なくない。現状でも市民ニーズを明らかにする手法は存在するのだから、もう少し市民ニーズを詳細にとらえる努力をするべきであろう。

・「政策」について

読み返してみると、政策の必要性を繰り返し述べていることがわかる。本来「こころに政策」があれば、必ずしも成文化されていなくともよいと思ってきた。しかし、現在の厳しい状況をみると法的な拘束力、強制力のあるものが必要であると思えてきた。しかも図書館を発展させる内容でなければならない。

民意が政治に充分に反映されるシステムが未発達なわが国において、諸刃の剣である政策など、うかつに作るべきでないという主張もあるだろう。しかし、危険だから作らないということと、本質的に必要かどうか、必要であればどのようなものが作られるべきかという議論は、別のものであろう。市町村レベル、都道府県レベルでの政策と国の政策について、本文では明確に展開できていないが、「望ましい基準」でも述べられているように、当然それぞれのレベルでの政策が必要と考える。

・「韓国の図書館法」について

現在の正式名称は、「図書館及び読書振興法」。一九九一年に「図書館振興法」として制定され、その後数回の改定をへている（『現代の図書館』三七巻二号 一九九九年六月、参照）。

なお、当館のサービスや業務については、当館の各担当者が様々な報告や論文を書いているので是非目を通していただきたい。また二〇〇三年の秋には、外部の方によって当館を分析した図書が日本図書館協会から刊行される予定である。合わせて読んでいただければ、浦安市立図書館を立体的に理解いただけると思う。

また、以下に本書収録以外に私の書いた主なものの一覧を示すので、参考にしていただければ幸いである。

1 共著

スライド『貸出方式を考える』図書館問題研究会東京支部 一九八一

『みんなの図書館入門（貸出方式篇）』図書新聞　一九八二
『公共図書館の情報ネットワーク』日本図書館協会　一九八八
「公共図書館における市販マークの利用について」『図書館雑誌』日本図書館協会　八一巻一〇号　一九八七

2　論文

「新刊マークのツールとしての活用」『現代の図書館』日本図書館協会　二三巻四号　一九八五
「図書館のネットワークをはばむもの」『ウィークリー出版情報』日販図書センター　一九八九・九・一〇—五（三八一号）
「浦安市立図書館の電算システム」『論集（第七集）』日外アソシエーツ　一九八七
「図書館における電子機器の利用について」『教育マイコン実践』科学技術教育協会　一九九二・二・一〇（二六四号）
「公共図書館における電算導入」『みんなの図書館』図書館問題研究会　一九九三・二（一八九号）
「パソコンを用いた総合目録の試み」『みんなの図書館』図書館問題研究会　一九九五・五・一二（二二四号）
「公共図書館における機械化の現状と今後」『現代の図書館』日本図書館協会　三巻四号　一九九五・五
「学校図書館と公共図書館」『初等教育資料』文部省　一九九七・一・一二（六七五号）

「児童奉仕とコンピュータ」『こどものとしょかん年報一九九八』児童図書館研究会
「公共図書館の可能性と課題」『建築空間』ＶＯＩＸ　二〇〇一
「公共図書館と自己責任型社会」『ＩＴ時代の公共図書館』高度映像情報センター　二〇〇二

読み返してみれば、思いつきをつづったようなものばかりで恥ずかしい限りであるが、二〇年目の節目にささやかな報告ができて嬉しく思っている。図書館員ばかりでなく、市民の方々に是非読んでいただきたいと思う。

これまでの活動を支持していただいた市民のみなさん、歴代の市長、浦安市の議員の方々、行政関係者、そしていたらない館長を支えてくれた図書館の職員に心からお礼を申しあげる。本書は、主にこれまでの講演の記録や雑誌の文章をまとめたものである。発表の機会を与えてくださった方々に感謝するとともに、転載を快諾していただいた版元、団体に御礼申しあげる。

押樋良樹氏には、様々なアイデアに満ちた助言をいただいた。漆原宏氏には、写真を提供いただいただけでなく、校正のようなことまでお願いしてしまい、おふたりには感謝のことばもない。勁草書房編集部の町田民世子さんには、スケジュールを次々と破り大変なご迷惑をおかけした。お詫びと御礼を述べたい。

最後に、代々の図書館長、特に初代の竹内紀吉館長、三代目の磯野嘉子館長の存在がなければ現在の浦安市立図書館はあり得なかったことを記したい。

一貫性のない、分析も不十分なものであることは、心残りだが、これからも続く仕事の通過点での報告と見なして、ご意見、ご批判をいただきたいと思っている。特に若い図書館員の方からご意見をいただきたいとねがっている。今ほど新しい発想が必要とされることはないからである。新しいことには、かならず間違いが含まれるだろうが、恐れてはならないと思う。

これまでにない大きな社会の変化が進行しつつある現在、図書館と図書館員のアイデンティティがあらためて問われていると思う。自分の仕事を遂行することを通じて、これからも図書館と図書館員のアイデンティティをすこしでも明らかにしたいと決意している。

常世田　良

二〇〇三年四月

マ行

ヤ行

ラ行

タ行

ナ行

ハ行

索　引

初出一覧

序章　浦安図書館にできたこと・できること　　書き下ろし

第１章　なぜ中央図書館が必要なのか　　2000年６月25日　多摩市に図書館をつくる会第２回図書館講演会での講演
多摩市に中央図書館をつくる会編『なぜ中央図書館は必要なのか――講座「図書館を知る」シリーズ講演録１
2001年７月１日

第２章　組織され、地域に役立つ職員集団をめざして　　1996年２月６日　大阪府子ども文庫連絡会の児童文化講座での講演
大阪府子ども文庫連絡会編『やっぱり図書館がだいじ――大子連児童文化講座の記録』 1997年２月７日

第３章　司書職制度を実現するために　　1998年10月７日　三多摩図書館研究所の研究会での講演

第４章　図書館はなんのためにあるのか　　『MOKU』2002年10月号

第５章　公共図書館経営の課題　　丸山修・小磯勝人編『インターネット時代の公共図書館――デジタルライブラリーの環境整備に関する研究事業報告書』2001年３月25日　財団法人高度映像情報センター

第６章　公立図書館におけるビジネス支援サービスの現状　　『図書館雑誌』2003年２月号

第７章　公共図書館は出版界の敵にあらず　　『季刊　本とコンピュータ』2002年春号

第８章　公共図書館の開館時間の延長　　原題　公立図書館における開館時間の延長について　　『現代の図書館』37巻４号　1999年12月

第９章　公共図書館とコンピュータ　　竹内紀吉編『図書館経営論』1998年　東京書籍

第10章　公共図書館とマーケティング　　『情報の科学と技術』1999年２月号49巻２号

第11章　全域奉仕をめざした10年　図書館計画施設研究所編著『図書館建築22選』1995年　東海大学出版会

著者略歴

1950年　東京都に生まれる
1977年　和光大学人文学部専攻科修了
1977年　(株)天賞堂入社
1983年　浦安市職員として採用され、浦安市立図書館に配属となる
現　在　浦安市立図書館長、日本図書館協会常務理事
主　著　『みんなの図書館入門――貸出方式篇』(図書新聞、1982年、共著)
「公共図書館と自己責任型社会」(『IT時代の公共図書館』高度映像情報センター、2002) ほか

浦安図書館にできること
――図書館アイデンティティ――　　図書館の現場①

2003年5月20日　第1版第1刷発行
2004年3月5日　第1版第3刷発行

著者　常《とこ》世《よ》田《だ》　良《りょう》
発行者　井村寿人

発行所　株式会社　勁《けい》草《そう》書房

112-0005　東京都文京区水道2-1-1　振替　00150-2-175253
(編集) 電話　03-3815-5277／FAX 03-3814-6968
(営業) 電話　03-3814-6861／FAX 03-3814-6854
本文組版　プログレス・平文社・鈴木製本

ISBN4-326-09827-9　Printed in Japan